YOUR LEADERSHIP LEGACY

领导艺术传承

——面向未来可以使你当下成为更加优秀的领导者

〔美〕罗伯特·加尔福特
〔美〕雷吉娜·法齐奥·马鲁卡 著

王春颖 译

商务印书馆

2010年 北京

Robert M. Galford & Regina Fazio Maruca

Your Leadership Legacy

Why Looking Toward The Future Will Make You A Better Leader Today

Original work copyright © 2006 Robert M. Galford and Regina Fazio Maruca.

Published by arrangement with Harvard Business School Press.

图书在版编目(CIP)数据

领导艺术传承/〔美〕加尔福特,〔美〕马鲁卡著;
王春颖译. —北京:商务印书馆,2010
ISBN 978-7-100-06751-5

Ⅰ.领… Ⅱ.①加… ②王… Ⅲ.领导艺术 Ⅳ.C933.2

中国版本图书馆 CIP 数据核字(2009)第 162607 号

所有权利保留。
未经许可,不得以任何方式使用。

领导艺术传承
——面向未来可以使你当下成为更加优秀的领导者
〔美〕罗伯特·加尔福特 〔美〕雷吉娜·法齐奥·马鲁卡 著
王春颖 译

商 务 印 书 馆 出 版
(北京王府井大街36号 邮政编码 100710)
商 务 印 书 馆 发 行
北京瑞古冠中印刷厂印刷
ISBN 978-7-100-06751-5

2010年5月第1版 开本700×1000 1/16
2010年5月北京第1次印刷 印张11¾
定价:25.00元

商务印书馆—哈佛商学院出版公司经管图书翻译出版咨询委员会

（以姓氏笔画为序）

方晓光　盖洛普（中国）咨询有限公司副董事长
王建铆　中欧国际工商学院案例研究中心主任
卢昌崇　东北财经大学工商管理学院院长
李维安　南开大学商学院院长
刘持金　泛太平洋管理研究中心董事长
陈　儒　中银国际基金管理公司执行总裁
陈国青　清华大学经管学院常务副院长
陈欣章　哈佛商学院出版公司国际部总经理
忻　榕　哈佛《商业评论》首任主编、总策划
赵曙明　南京大学商学院院长
涂　平　北京大学光华管理学院副院长
徐二明　中国人民大学商学院院长
徐子健　对外经济贸易大学副校长
David Goehring　哈佛商学院出版社社长

致 中 国 读 者

哈佛商学院经管图书简体中文版的出版使我十分高兴。2003年冬天,中国出版界朋友的到访,给我留下十分深刻的印象。当时,我们谈了许多,我向他们全面介绍了哈佛商学院和哈佛商学院出版公司,也安排他们去了我们的课堂。从与他们的交谈中,我了解到中国出版集团旗下的商务印书馆,是一个历史悠久、使命感很强的出版机构。后来,我从我的母亲那里了解到更多的情况。她告诉我,商务印书馆很有名,她在中学、大学里念过的书,大多都是由商务印书馆出版的。联想到与中国出版界朋友们的交流,我对商务印书馆产生了由衷的敬意,并为后来我们达成合作协议、成为战略合作伙伴而深感自豪。

哈佛商学院是一所具有高度使命感的商学院,以培养杰出商界领袖为宗旨。作为哈佛商学院的四大部门之一,哈佛商学院出版公司延续着哈佛商学院的使命,致力于改善管理实践。迄今,我们已出版了大量具有突破性管理理念的图书,我们的许多作者都是世界著名的职业经理人和学者,这些图书在美国乃至全球都已产生了重大影响。我相信这些优秀的管理图书,通过商务印书馆的翻译出版,也会服务于中国的职业经理人和中国的管理实践。

20多年前，我结束了学生生涯，离开哈佛商学院的校园走向社会。哈佛商学院的出版物给了我很多知识和力量，对我的职业生涯产生过许多重要影响。我希望中国的读者也喜欢这些图书，并将从中获取的知识运用于自己的职业发展和管理实践。过去哈佛商学院的出版物曾给了我许多帮助，今天，作为哈佛商学院出版公司的首席执行官，我有一种更强烈的使命感，即出版更多更好的读物，以服务于包括中国读者在内的职业经理人。

在这么短的时间内，翻译出版这一系列图书，不是一件容易的事情。我对所有参与这项翻译出版工作的商务印书馆的工作人员，以及我们的译者，表示诚挚的谢意。没有他们的努力，这一切都是不可能的。

哈佛商学院出版公司总裁兼首席执行官

万季美

献给苏珊、凯蒂、
鲁克、乔、尼娜和卡莉

致谢 ·· i

引言 ·· ii

第一部分　产生持久的影响力

第一章　建立财富
影响力、持久性和决断力 ··· 3

第二部分　影响力和持久性

第二章　你在发挥怎样的影响力？
多元观点法 ··· 23

第三章　你在扮演什么样的角色？
看看你无意间造成的影响 ··· 43

第四章　你意欲留下的财富
写一份领导力财富声明 ·· 61

第五章　你的领导力财富能否产生持久的影响力？
对你的财富声明进行压力测试 ······································ 89

第六章　你所做的是正确的吗？
从声明到行动，再到审查，以至其他 ··························· 105

第三部分　决断力 ·········· 127

第七章　决断力的必要性
挑战、困难、阻碍和其他困境 ·········· 129

第八章　财富和责任
你有责任帮助别人建立他们的财富 ·········· 147

注释 ·········· 163

作者简介 ·········· 167

致　　谢

编写本书的过程中，我们曾做过多次调研。在调研的过程中，受访者向我们讲述了发生在他们身上的真实故事、他们所取得的成就、所面临的挑战以及他们的梦想。我们由衷地感谢他们为本书所作的贡献。虽然书中提到了其中一些人的名字，但大多数人的名字都被隐去了。我们在此向所有人表示感谢！

我们也由衷地感谢我们的家人和朋友，没有他们始终如一的支持就没有本书的问世。我们还要感谢朱莉娅（Julia）、埃利（Ely）、梅琳达·亚当斯·梅林诺（Melinda Adams Merino）、金·埃米（Kim Arney）以及哈佛商学院出版社的所有同仁，是他们独特的视角和无私的关怀引导我们完成了此书的编写工作。

我们还要特别感谢哈佛大学设计研究所（Harvard University Graduate School of Design）第一个高级管理开发课程班的全体学员，是他们的开放精神和积极的参与意识为本书提供了原动力。同时还要感谢哈佛商学院荣誉退休教授莱纳托·塔格利（Renato Tagiuri），感谢他初期给予我们的关切和指导。

引　言

现在就开始考虑你将给你的组织带来什么样的长期影响是不是有些为时尚早？在你领导任期期满后，你的同事或属下会对你有何感想？他们会对你做何评价？与你共事一段时间之后，他们的行为方式会发生怎样的变化？现在就开始考虑所有这些问题是不是也为时尚早？

答案是否定的。假如你已经退休或已到另一家公司任职，那么你曾经的领导力会对你之前所在的组织或属下产生什么样的影响？你越早考虑这个问题越好，怎么早都不为过。事实上我们认为，领导者越是提早考虑他们的领导力财富（leadership legacy）问题，他们就越有可能变得更加优秀。

绝大多数领导者都会在临近退休或转到另外一家公司任更高职位时，才开始仔细考虑他们的领导力会带来什么样的整体影响，但他们在工作中所形成的财富已是既成事实（faits accompli）。所以每当回顾过去，他们常常会发出类似"千金难买早知道"（could haves and would haves）这样的感慨。

本书的建议彻底改变我们以往的惯性思维，从一个完全相反的角度来思考这个问题。本书的核心观点是：领导者意欲打造的领导力财富应该成为行动的催化剂，而不应该是后知后觉的结果。为什么？我们遍

引言

寻之后得到的答案是,因为你在这个世界上只活一次,所以千万不要浪费这个机会,这一点很重要。再者,如果你的目光只停留在眼前的利益、一个季度的利益或是一年的利益上,也许你只能获得一些微不足道的小利,但你将永远无法发挥出一名管理者或是领导者本该发挥出来的影响力。相反,如果你能把全部注意力都集中在你意欲留下的长期影响上面的话,不但会有助于你实现短期目标,而且还有助于你实现长期目标。

我们曾与很多组织的首席执行官、专家以及高层管理人员一起共事过,其中包括财富100强公司、全球非营利性实体、大型银行以及一些小型设计公司,我们也曾与他们交谈过,从中总结出了许多经验教训并把它们写进了书中。罗伯特的工作经验极其丰富:他曾经和许多公司的顶尖级管理者打交道长达30年之久。在他职业生涯的前15年,他一直在做专业服务公司的顾问;而在最近这15年中,他与来自各行各业的成功的高级管理者们关系更为密切,他还经常和他们进行面对面的交流,倾听他们的故事,向他们传授一些经验,了解他们的近况。而雷吉娜职业生涯的大部分时间都在倾听顶尖级管理者的故事,并帮助他们理清思路。她以前曾是《哈佛商业评论》(Harvard Business Review)的编辑,最近刚刚调到波士顿管理发展中心(Center for Executive Development)与罗伯特一起共事。

在编写本书的过程当中,我们还特别和一些最近即将退休的顶尖级管理者和高级管理者、一些正值事业发展鼎盛时期的首席执行官,以及一些新任领导者们进行了一番交流。(书中提到的一些管理者的名字是他们的真实姓名,而有些管理者虽然也向我们讲述了他们曾经遭受的挫折和磨难,但出于保护个人隐私的目的,我们在书中使用的是化名。)

在与这些领导者进行交流的过程中,他们帮助我们提出并完善了一个理念,那就是把财富看作是一个具有前瞻作用的工具。另外他们还帮助我们仔细推敲了这样一个概念,即什么才是真正的领导财富。结果我

引言

们发现，人们越是反思他们的领导力所造成的影响，他们就越难把领导力与职业或公司这样的词联系在一起。在谈到他们所管理的公司时，他们都会踌躇满志，谈锋甚健，但渐渐地他们就会意识到，他们对同事、直接下属，甚至是对公司其他员工所造成的影响，才具有更重要的意义。他们越是仔细思考这个问题，就越会从个人的角度出发去谈论他们意欲建立的财富。"我希望大家能够永远记住我在工作中留下的财富，就像我的家人一样以我为荣。"这几乎是所有人共同的心声。

说得更简单一些，我们发现当大家放眼未来时，他们都想在公司或是个人绩效方面成就一番事业；而在他们回顾过去时，他们又希望那些曾经直接或者间接与他们一起共事的人们能够看到，或者至少感受到他们所做出的积极努力。

然而我们也曾听说过，要在管理公司的过程中抽出一些时间来考虑这些个人财富问题是多么地困难！大多数公司都会从全局出发来思考领导者的行为会对公司的发展或发展方向造成什么样的长期影响，并把它看作是公司发展战略的一部分。但我们不能因此说领导者对他们的同事及员工所产生的某些长期影响就是公司发展战略的一部分，虽然和我们交谈过的大多数领导者都希望他们最终能够对他们的同事和员工产生与众不同的长期影响。

正如一位管理者所说的那样："我当然希望我的领导力会对公司产生积极的、持久的影响力，但每当想到我是多么想要人们记住我、多么想要对别人产生重要影响时，我又觉得这都是个人的事儿，与公司无关。问题就在于没有一个机会可以把个人抱负和公司经营的日常事务结合在一起。似乎你总是从公司的角度出发来考虑长期绩效问题，但在"追求绩效"的过程中，你却又总是从个人角度出发来考虑问题。这两者之间确实存在着很大差距，而且这种差距难以弥合。"

有鉴于此，本书的第一个目标就是要努力弥合这种差距。大多数高

引言

级管理者都非常了解日常行为和长期影响之间的内在联系,但这种了解通常都是隐性的、不明了的。然而本书所提出的结构,也就是我们所说的财富思考,却可以使这种内在联系变得更加清晰、更加明了。财富思考是一个工具,领导者可以利用它来慎重思考他们所做出的决定,并对这些决定做出相应的评价。财富思考是一种新的工具,虽然我们在管理公司的过程中常常要面临诸多压力,我们却几乎不知道该如何使用这一工具。另外,财富思考还可以帮助领导者把他们需要优先考虑的事情,无论是从个人的角度来说,还是从公司的角度来说,都体现在他们的行动中。

本书的第二个目标是帮助那些伟大的领导者给他们的继任者留下一些积极的财富。有些公司之所以经营得非常成功,是因为他们拥有一些杰出的领导者,但有时公司所取得的成功却是以牺牲个人利益为代价。虽然有些人给公司带来了巨大的经济效益,但他们本人也许并没有多大的成就感,因为这些经济利益的获得很有可能是以牺牲他们的一些人际关系为代价的。这样的例子不胜枚举。有些人在引领公司向前发展这一方面确实有他们的独到之处,但曾和他们一起共事的同事或是直接下属却发誓:"我再也不要和像他那样的人共事了。"如果这样的话,你能说他们确实给公司的成功带来了积极的影响吗?答案是肯定的,但与此同时他们也留下了一些负面的领导力财富。

如果顶尖级领导者不但能够使公司取得巨大成功,而且他们个人也能取得巨大成功,最重要的是能够继续使这种优势力量朝着积极的、健康的方向发展下去,那么无论是领导力财富还是个人财富,都能够被发扬光大。这才是我们想要帮助领导者们实现的终极目标。

———罗伯特·加尔福特(Robert M. Galford)
雷吉娜·法齐奥·马鲁卡(Regina Fazio Maruca)
2006年8月

第一部分 产生持久的影响力

YOUR LEADERSHIP LEGACY

第一章 建立财富

影响力、持久性和决断力

我知道所有的项目都有短期目标和长期目标之分。有时，……我们往往倾向于把注意力放在短期目标上。但事实刚好相反，你应该尽早摒弃这种想法，越早越好……。我的意思并不是说让你放慢思考或行动的速度。相反，作为领导者，你要用同样饱满的热情、同样旺盛的精力来快速决策并迅速执行，但同时你还要充分意识到你所采取的行动或所做出的决策会对你周围的人以及你的组织产生怎样的长期影响。

——法利·布莱克曼（Farley Blackman），英国石油公司副总裁

如果你领导一个组织、一个部门，或者任何一个由不同个体组成的团体，你就一定会留下一笔领导力财富。所谓财富并不是你所有表现的记录，也不是你们公司的绩效报告（尽管媒体常常以此为据来评价一个公司的成功与否）。相反，它应该具体表现为你的同事、员工以及其他所有相关人士在与你共事一段时间之后，他们的思维方式和行为方式会发生怎样的变化。

如果你是现在而不是等到面临换工作或是退休时才开始考虑你的

第一章

领导力财富问题，你就极有可能留下一笔宝贵的财富，这笔财富中不但蕴含着你优秀的领导品质，而且即便在你离开公司以后，仍然可以深深地根植于你们公司的组织结构之中。

更为重要的是，你也会成为一个更加优秀、更加快乐的领导者。在大家与你共事，或者为你工作了一段时间之后，你希望他们能够从你身上继承哪些优点？只有先明确这个问题，你才能更好地理解你作为领导者的角色，才能更加清楚地知道在日常工作中如何从领导者的角度出发来树立大局观念。

财富的积累从今天开始。简单地说，这也是本书的核心思想。

回顾过去才能更好地展望未来

我们大多数人从未有意去了解我们的工作在多大程度上对别人产生了影响。一般情况下，只有当任期将满，或者是临近退休时，我们才开始认真考虑这个问题。即便是真的回顾过去，我们也总是倾向于用公司的发展、战略的运用、过程的设定以及对其做出的调整等这些广义的措词，来作为衡量我们成功与否的标准。除非我们确实对别人产生了非常明显的影响，或者除非这种影响受到了媒体的广泛关注［像吉列公司(Gillette)的首席执行官吉姆·基尔茨(Jim Kilts)；美泰玩具公司(Mattel)的首席执行官鲍勃·埃克特(Bob Eckert)；卡夫公司(Kraft)的员工则在工作中继承了前任首席执行官迈克·迈尔斯(Mike Miles)[1]的工作方法；美国通用电气公司前几任杰出的管理者们也在他们上任后继承了杰克·韦尔奇(Jack Welch)的工作作风］，否则我们几乎觉察不到这种影响的存在。

这种常规方法已是老生常谈，而我们所建议的这种方法，即"财富思考法"，不是让你在领导任期将满时才开始考虑领导力财富问题。相反，

建立财富

这种方法是要成为你行动的催化剂,它能够把你的本能、爱好与公司的发展战略和组织愿景最大程度地结合在一起。

所以,在这一过程中,你的财富成为一个更加个人化的概念,它既体现出领导力一对多的本质,又体现出日常工作一对一的现实,它最大限度地把这两者结合在了一起。

以你每天在工作中接触的那些人为例,你的一言一行、一举一动无时无刻不在对他们产生影响。身教重于言教!你可以通过实际行动鼓励他们去做一些创造性的冒险活动(你也可以打消他们的这个念头);告诉他们企业经营的哪些方面比其他方面更为重要;告诉他们如果他们对于你安排给他们的工作表示出极大的热情,结果会怎样,否则会怎样;你甚至可以通过实际行动去告诉他们,当他们的工作做得一团糟而招致你的不满时,会有多么麻烦。无论哪种情况,每天当大家离开自己的办公桌下班回家时,他们都会对你有一个更加全面而清晰的印象;他们都会深深地感受到你为他们所做的一切,无论是正面的还是负面的。久而久之,他们的言谈举止、行为方式就会或多或少地受到你的影响。

在领导者个人现实的影响力和领导者意欲对整个组织所产生的影响力之间其实不无联系。但在大多数情况下,领导们并没有真正意识到这种联系。因此,如果你能够真正认识到这种内在联系的话,财富思考法就可以助你一臂之力,使你成为更加优秀的领导者。

财富思考法对于领导者来说大有裨益:

➢ 如果你是一名想要努力承担更多责任的领导者,财富思考法会告诉你你可能会在哪些方面产生持久的影响力,而在哪些方面却不能。当组织陷入危机,或是公司的日常事务变得异常复杂时,领导者的常规做法就如同拿起一挺机关枪随处扫射一样。这时,如果你能从财富的角度出发去思考你的领导力问题,就可

第一章

以根据工作中重要性和紧迫性的不同来确立或调整其优先顺序。

➢ 财富思考可以使你明确你在公司管理历史中所处的位置,这一点对于新上任的领导者来说具有非常重要的意义。特纳建筑公司(Turner Construction)已退休的前任副总裁罗杰·兰(Roger Lang)在该公司工作了25年之久,他说:"如果你把你们公司的历史看作是按照时间脉络发展的一条直线的话,那么你就可以把公司创建者的名字放在这条时间线的初始端,然后把公司历任总经理的名字按照时间的先后顺序依次排在这条时间线上……当然你也可以把你自己的名字放在这条时间线上,看作是其中的一个结点。这样你就可以从一个完全不同的视角来审视你的工作范围,你就可以看到你即将留下哪些潜在的财富,甚至当你第一眼看到公司十分钟前聘来的员工时,你就基本上可以判定他会养成什么样的工作作风,因为在他之前来到公司的员工早已经形成了这种工作作风。你会因此而知道你可以为他做些什么,以及在你们两个共同所属的这个公司大背景下你可以为他做些什么。"[2]

➢ 身处特定高级管理岗位,财富思考可以帮助你认识到你什么时候是在浪费时间,什么时候应该采取行动。当领导者面临痛苦的抉择时,比如当公司面临生存危机时,你就可以利用财富思考法来挽救公司于危难之间,它必将给你带来意想不到的收获。以菲亚特汽车公司(Fiat)为例,21世纪初期,该公司的高层管理者们面临着一个艰难的抉择:是否应该退出汽车行业?而他们曾是整个西欧汽车市场的领头羊。

➢ 财富思考可以帮助你妥善安排你的继任计划中最重要的任务,养成未雨绸缪的习惯。它还可以帮助你更为深刻地认识你的一

建立财富

些与生俱来的品质(这些品质与你领导者这个位置所要承担的责任并无关系),进而使你知道什么时候该放手。甚至,它还能帮助你为你的继任者播下成功的种子。[3]

最重要的一点是,财富思考可以使你在集中精力做好手头工作的同时,怀有更大的目标感。它可以使你意识到作为领导者,你的工作远不是多完成一些销售任务、多开一次管理会议,或者多进行一次交易那么简单。

组织愿景、使命、战略与财富思考

财富思考并不是领导者的组织愿景、组织使命和组织战略的代名词,也不是它的同义词。有关组织战略和领导力的文字表述,充斥着愿景、使命、目标和意图这些词汇,而所有这些词都有一个更深层次的含义,即要求领导者富有远见卓识。虽然财富思考也有这一层含义,但组织愿景、组织使命和组织战略是相对于公司而言,而财富思考则是相对于个人而言。财富思考可以引领组织愿景、组织使命和组织战略的实现过程,它也可以帮助领导者设计出一套他们所追求的行为方式及互动方式,这样领导者既实现了自己的目标,又实现了公司的目标,从而达到了双赢的目的。

从广义上来说,财富思考可以使领导者通过客观地审视他们自己的优势和不足、所喜欢的事和所厌恶的事,来帮助他们设想要成为怎样的高层管理者,以及如何实现公司的发展目标。多年来,约翰·科特(John Kotter)一直认为领导的工作包括设定愿景、引领方向、整合员工和形成激励。[4]从财富思考的角度出发来审视领导力,可以帮助领导者对完成工作所需投入的时间和精力进行最佳分配。

第一章

　　财富思考还可以使领导者更加清楚地了解，在他们的个人抱负与公司的发展战略之间到底存在多大差距。只有预先知道这种差距，领导者才能想办法弥合这种差距，或者在适当的时候找出适当的理由做一些让步。

马赛克图像：一种类比

　　让我们来举例说明领导力财富与公司的愿景、战略和使命之间，是相辅相成、相得益彰而不是相互替代的关系。首先我们来看一幅由许多小图像构造而成的马赛克图像。如果给这幅马赛克图像来一个大特写镜头，你就可以清晰地看见每个部分都是一张完全独立的小图像，但当你从远处看这幅马赛克图像时，各个部分连在一起又构成了一个截然不同的整体。目前，这种艺术形式变得越来越受大家的青睐。比如，你会在学校的校刊上看到一大幅学校教学楼的图片，而实际上这张图片却是由一张张带有学生面孔的小图片组成的。

　　现在让我们来把你的面孔做成一幅由许多独立的小图像组成的马赛克图像，而这些小图像既包括那些与你共事或者受你领导的员工的面孔，也包括那些在业务上与你们公司有着竞争关系的竞争对手的面孔，另外还包括其他一些起填充作用的"瓦砾"。你的领导力财富越清晰、越统一，这张马赛克图片就越清晰，甚至连那些起填充作用的小"瓦砾"都可以看见。相反，你的领导力财富越混乱、越自相矛盾，这张马赛克图片就显得越模糊，甚至扭曲变形。

　　从总体上来说，这张关于你面孔的马赛克图像与你们的公司目标或公司业绩没有任何关系，但它却与你所采用的领导方式，以及你的属下和公司其他员工对你的方式所做出的反应，他们谈话的语气，以及他们效仿（或反对）你所采用的方式等这些方面有着密切的联系。（详见图1-1）。

建立财富

图 1-1　做成马赛克图像的领导力财富

（你也可以用另外一幅具有同等效力的马赛克图像来显现公司的王牌产品、总部，或公司的品牌标识，用它们来表示公司的愿景、使命和战略。在这样的图像中，领导者的面孔只不过是起填充作用的众多瓦砾中的一片，或者是其中一片的复制品，因此这张面孔就代表这位领导者的影响力，但它绝不可能代表整张图像。）

让我们来看一看戴夫·托马斯（Dave Thomas）对他创建的公司所产生的持久影响力。2005年初，美国温迪汉堡连锁公司（Wendy's）成为一起欺诈案的受害者，一个顾客把一截手指放在了她的红番椒碗里，然后假装在吃饭的时候忽然发现了这根手指，并起诉了这家公司。最终的调查结果表明该公司是清白的，但它却因此而度过了一段相当艰难的时期，公司在经济上陷入危机，大家的心理也受到了重创。公司的首席执行官杰克·许斯勒（Jack Schuessler）在当年晚些时候用笔记录下了他们那时所经受的考验："也许最方便的办法就是私下里用钱摆平那个起诉

9

第一章

者,这样就可以让媒体闭嘴,就可以避免他们对我们公司的狂轰滥炸。在这样一个辩护律师主导官司输赢的年代,这种妥协不失为上策。但当时我们没有选择那么做,相反,我们把全部精力都用在密切配合警方查出事实真相上,用在与我们的员工齐心协力共同维护我们品牌的声誉上。因为温迪的创建者戴夫·托马斯认为,公司的声誉是靠你每天的行动逐渐树立起来的。直到现在,我们仍然恪守这个信条。"[5]

托马斯早在2002年就去世了,但他却给继任者留下了一笔非常有影响力的领导力财富。时至今日,这笔财富仍然对该公司的行为发挥着重要的指导作用。虽然舒斯勒只用了短短几句话来概括托马斯所留下的领导力财富,但他做出的评价却准确地反映了托马斯对后来者所造成的影响之深、范围之广,这其中包括他对他的同事、直接下属以及其他员工所造成的影响,甚至还包括那些在他过世很久以后才进入公司的员工。托马斯马赛克图像的大部分是相当清楚的,这正好证明他所造成的影响力是相当持久的。虽然这幅马赛克图像看似与公司的产品、使命、成长率等没有直接关系,但戴夫·托马斯本人的形象却牢牢地刻在了人们的脑海中,尤其是那些深受其领导力影响的人们。

有趣的是,舒斯勒对于托马斯关于"声誉"一词的描述与我们对于"财富"一词的描述有着惊人的相似之处。公司的日常事务、一对一的交流与公司的整体发展密不可分,这一理念在温迪公司得到了印证。

也许若干年后的某一天,你的领导力财富也会被大家看作是一幅独立的图像。但正如其形成的过程一样,你的财富应该是多层面、多维度的,因为所有的组织都是由许多不同的个体组成,而你的整体影响又是在与大家进行多次交流和互动的过程中逐渐建立起来的。换句话说,财富思考的过程实际上就是把你作为领导者所产生的大大小小的影响力整合成一幅完整的马赛克图像的过程。(有时你的一个小举动,却能给别人带来巨大的影响。下面这篇名为《小举动,大影响》的文章就是一个

建立财富

很好的例子。)

小举动，大影响

十二年前，弗雷德·斯特迪文特（Fred Sturdivant）曾在 MAC 集团公司任职，是马克·约翰逊（Mark Johnson）的上司。这是一家总部设在马萨诸塞州剑桥市的咨询服务机构。马克毕业于哈佛商学院，他思维敏捷，29 岁就荣升为集团公司的高级副总裁。几年后，他辞去这份工作，到一家如日中天的高新技术公司任高级主管。不久他结婚了，组建了自己的家庭。偶尔他会和弗雷德联系一下，或者相互送个假日卡片，或者通个电话。

在马克 38 岁那年，他突然死于先天性心脏病。弗雷德参加了他的葬礼，当时马克的妻子就坐在他前面不远几排的座位上，怀里抱着年幼的女儿。

弗雷德一边心不在焉地听着悼词，一边慨叹马克如此短暂的生命。突然他听见有人提到他的名字，抬头一看，竟是马克的父亲。他正站在演讲台上，用手指着弗雷德这边。他在讲述弗雷德如何曾对马克产生过重大影响：是弗雷德帮助马克真正认识了自己，并不停地鼓励他、帮助他，最终使他真正发挥出他作为领导者和管理者的潜能。

弗雷德感到十分震惊。他突然间想起马克刚刚进入 MAC 集团公司时的情形。马克给人的第一印象是有点随意，而这与他作为高级管理顾问的身份显得有些不符。弗雷德清楚地记得当时的马克无论是在智力方面还是在道德修养方面都无可挑剔，根本不需要过多的指点。他和马克有过几次私下的沟通，非常委婉地提醒他要注意自己的仪表，尽量使穿着与自己的身份相符，但他并没有觉得那几次简短的谈话有多么重要。

第一章

葬礼结束后,弗雷德走过去向马克的父亲表示感谢,并坦言他不知道他会对马克产生那么深的影响。"噢,是的,"他记得马克的父亲当时这么说:"你对他影响相当大,可能超乎你的想象。他生前经常提起你如何教他一些高层管理者应具备的社交礼仪,教他如何着装,如何大胆地表现自己。"

很长一段时间之后,弗雷德告诉我们,自从参加完马克的葬礼,他一直都在不停地思考管理者和领导者这一角色的真正含义:

以前,我从来不愿意给员工提一些比较"私人的"建议。但我记得曾有一次我和马克谈到了职业着装问题,还有几次我和他谈起了其他一些类似的话题……但实际上当时我是非常不愿意这么做的。

给员工提供一般意义上的工作指导是一回事儿,比如,向大家描述理想的工作状态或为服务客户制定统一的标准等。而和员工一对一地去谈论这样一些问题,则完全是另外一回事儿。

如果我当时就知道这种一对一的交流会收到如此之好的效果,我早就多多采用了,也会把这种沟通方式一直延续到现在。既然向别人提出一些"私人的"建议可以收到很好的效果,我当然会毫不犹豫地去这么做。

我想,在此之前我并没有意识到这么做会有什么不同。[6]

正是因为马克的意外死亡,才使得弗雷德·斯特迪文特开始作一些我们大多数人不曾作过的反思,即反思他的领导力财富影响中更加细微的部分。最重要的是,以前他从未认真思考过的事情居然蕴藏着如此巨大的能量,幸好他及时意识到了这一点。

弗雷德写过许多关于市场营销的书,虽然他已经六十多岁了,目前仍然在佛罗里达大学和辛辛那提大学讲授市场营销学课程。同时,他还

建立财富

是好几家公司的董事会成员。他知道他的学生以及客户都非常看重他那些关于市场营销、发展战略和组织动力方面的专业知识。但他现在还清楚一点,那就是他对于员工个体发展方面的某些深刻理解也同样重要,有时甚至更加重要。

现在弗雷德对于这一问题有了一个全新的认识,但他并没有因此而改变事业的发展方向。他觉得虽然没有必要随时随地都提出私人建议,但至少他会给自己留有更大的空间,至少他不再因为担心所提供的个人意见不得当而总是审查自己。他相信他在这方面的天分不必被过于抑制,而且他还知道他的另外一幅马赛克图像会在工作中备受欢迎,甚至成为工作中不可或缺的一部分。

实践中的认知

掌握领导力财富的广义概念并非难事。所谓领导力财富是指领导者对于那些与他们一起共事的员工所造成的持久影响力,领导力就是通过这种方式代代相传的。也就是说,虽然你早已离开,但大家仍然可以从你昔日属下或同事的想法和行动中看到你的领导力的影子。

然而,若要对领导力财富有个更加深刻的实践中的认知则并非易事。它会造成哪些类型的影响?对谁造成影响?是短期的还是长期的?是大范围的还是小范围的?当我们从实践认知的角度反复追问领导力的概念时,似乎每个答案都会引出更多的问题,关于领导力财富的话题也会因此变得更加复杂、更加没有头绪。

若要解析这一概念并对它有个更加实际、更加准确和更具行动力的理解,一个好的方法就是用最简单的思维方式来解读:所谓领导力财富就是指你在某个公司任职期间所造成的影响(即你对公司其他人造成影响

第一章

的范围和规模)。你在作决策时总会运用一些最为常见的判断标准和指导原则,而这些判断标准和指导原则也会对你的领导力产生一定的影响。

我们常常使用这一定义来帮助领导者们慎重考虑应该运用什么方法来建立自己的领导力财富。这一定义使我们对领导力财富这一概念的理解变得更加透彻,从而也引导我们把财富思考作为一个更加有效的工具。

我们也把它作为编排本书的一个主线。我们对这一定义进行了分解,后面的每个章节分别论述该定义的一个部分。第二、三、四章重点论述领导者的影响力。其中第二章重点论述了你的影响力会在哪些方面得以体现,以及你如何确定你的行为方式已经对别人造成了影响。第三章则重点论述领导者的自然角色与她或他的职位及工作职责的关系。第四章是本书的核心部分,该章重点阐述了你如何通过写一份领导力财富声明来设定你意欲达到的影响力。

第五章和第六章重点讨论了领导力所造成的持久影响。其中第五章重点阐述了领导者对他们意欲留下的财富进行压力测试的几种方法,而第六章则重点阐述了具体、明确的实施步骤。

第七章和第八章则把重点放在了领导者的决断力上。在创建所期望的财富的过程中会遇到什么困难?要做哪些方面的斗争?要避开哪些困难?对于意欲建立的财富有哪些现实的期望?在这一过程中,你如何才能亲眼看见并衡量财富思考的成果?处于发展过程中的领导力财富应该是什么样的?

我们无法对领导力财富做具体而详实的描述,因为我们无法用一个统一的标准来衡量每个人的领导力。尽管如此,我们还是可以去追求属于我们自己的领导力财富。这种定义方式提供了一个一般性的方法,使领导力财富概念的逻辑基础更为坚实,同时也使得领导者们最大限度地计划并衡量他们所付出的努力成为可能。

建立财富

初期障碍

对于少数幸运的人来说，思考领导力财富问题并非难事，因为他们天生就擅长在日常的工作琐事与宏大的远景场面之间进行跳跃性思维。关于财富问题的讨论正好点燃了他们的兴趣，而把眼前与未来相结合，并找出两者之间细微差别这一挑战，无疑将激发出他们更大的热情。

然而对于大多数人来说，"财富"一词会令他们望而生畏，甚至就他们全身心投入的工作来谈论"财富"一词时也是如此。他们无法把领导力财富的概念与生活中的全部希望和抱负区分开来，要克服这一障碍并非易事。

这一点在我们为编写本书进行第一轮采访时就得到了证实。受访者中有一个人之前曾非常爽快地答应接受我们的采访。她是一个不折不扣的名人，有近30年的工作经验，搞过学术研究，也曾在政府部门身居要职。她的主要工作经历包括：曾担任政府高官，在一些国际委员会中任过要职，在大学里当过院长，也曾是多所大学的特聘教授。

我们先就领导力财富话题进行了一系列交谈，但正当我们要就一些细节问题展开进一步的交流时，她却犹豫了，最后她还是热情地说："我们的采访就到这里吧，我恐怕我的继任者在读到这本书时会有些不快甚至反感，认为我骄傲自大、不切实际，甚至有自我推销的嫌疑。这让我感到为难。如果我继续向你们讲述我希望留下什么样的领导力财富，不是显得有些太涓狂了吗？很抱歉我实在无法继续接受采访，因为我也不能保证我所说的话都是内心深处最真实的想法，比如我希望实现什么样的目标，或者希望给别人留下什么样的影响力等等。"

她向我们滔滔不绝地说了许多类似的真心话。显然，关于领导力话题的讨论引出了她的许多无法解决的问题，比如可能遭遇的失败；对于

第一章

所取得的成绩和所使用的方法的不确定;大家对她的成绩作何评价;还有哪些方面尚需努力等等。这一话题确实给她造成不小的压力。

无奈之下我们只好决定放过她,我们实在不忍心继续看她承受这么大的痛苦。但就在我们作出这个决定的几个小时之后,大家又重新聚到了一起,谈了很多很多。她给我们讲述了一个十分感人的故事,一位有着崇高威望的联邦法官的故事。这位杰出的法官为人非常谦逊,一生淡泊名利。他还教育他的孩子们要有强烈的社会服务意识,在他的谆谆教导下,孩子们在各自的工作岗位上都有不俗的表现。他晚年的时候,在一次私人谈话中这样描述他作为法官这一角色的作用:"我是一个辩护人,一个国家公民与隐匿的政府权力之间的辩护人。"

这是一句相当有力的表述,然而此前他从未公开说过这样的话,因为他担心给人留下一种太过浮夸的印象。这也恰恰是我们的受访者在接受采访时的最大顾虑:我们应该怎样维护我们的领导力财富?既让它发扬光大,引领我们日常的所作所为,又不使它受到腐蚀或者迷惑,而当我们公开表达我们的领导力财富时,也不至于让别人感到厌恶。

答案是,你既可以将之公开,也可以不公开它。

你无需把你的个人抱负公之于众,也无需把它刊登在你们公司的内刊上,更没有人要求你以令人反感的方式自我表白。但如果你对于意欲留下的财富进行一些起码的思考,思考从现在开始你要怎么做才能实现那些目标,你就有了一个非常好的开端。如果能花些时间把这个问题想清楚,对你就更有利了。

太早还是太晚?

向我们讲述法官故事的那个人在提到领导力财富问题时还遇到另外一个问题,那就是时机的把握问题。"我还太年轻,还没有资格去谈论

建立财富

领导力财富问题,"她说,"抑或是我已经太老了,不再适合讨论领导力财富问题了。"

后来我们分别就这两种极端情况进行了一番讨论,得出的结论是:对于年轻的领导者来说,他们意欲留下的领导力财富极有可能会随着他们思想的逐渐成熟、自觉性的逐渐增强而发生变化;而对于那些年纪较大的管理者来说,他们在思考领导力财富的过程中会为当年错误的选择而感到遗憾。无论是哪种情况,关于领导力财富问题的思考都会让人感到有些不安,觉得个人抱负没有实现。但对介于这两者之间的人们来说,甚至对于那些处于两个极端之一的人来说,关于领导力财富问题的思考也是利大于弊。

让我们再来看看房地产业的高层主管们是如何理解领导力财富思考这一概念的。他们个个聪明睿智,都是房地产业顶尖级成功的人士,他们聚集到一起是为了上哈佛商学院的一个高级主管课程。罗伯特(本书的作者之一)有幸同他们一起进行了许多次专题讨论会,就领导力问题做了大量的讨论,这让罗伯特感觉非常高兴。在会上,有关领导力财富的大量话题(如果不说是太多话题)都进入了人们的视野和讨论,令罗伯特觉得领导力财富这一话题就存在于他们中间。在这门课程即将结束前夕,作为他们共同学习的一个阶段性总结,罗伯特让大家共同参与编写一份领导力财富声明,详细描述一下他们希望如何被大家所记住,这同时也作为每一个人对自己的领导力问题所进行的一个自我检查。

第二天一大早,就在最后一次专题讨论课即将开始的时候,一位颇受大家欢迎的学员向罗伯特招招手走过去,并对他说:"让课上每个成员都写一份领导力财富声明无疑是浪费时间。对于像我这个年龄的人来说,这么做非常有意义,因为我比他们的平均年龄还要大 20 多岁,而且我马上就要退休了。但是对于其他人来说,我不知道会有多大意义。他们都还人在中年,在乎的是如何偿还房屋抵押贷款、如何收回个人抵押

17

第一章

担保，以及如何迅速积累财富，而并不关心会给别人留下什么样的领导力财富，希望如何被大家记住这些问题。"

于是罗伯特问他是否介意在团队中进行一次测试，问问大家领导力财富到底与他们的需要和现状有多大的关联。这个人表示同意。刚一上课，他们两个就分别陈述了各自的观点，结果大家对这一话题反应的激烈程度远远超过了他们两个人的预期。

大家的反应可谓是他们真情实感的一次大爆发。他们讲述了在他们三十几岁、四十几岁、五十几岁，甚至是六十几岁时发生的故事，感慨当年他们怎么做才会更有意义、给别人带来更大的影响。这些来自世界各地的精英们纷纷讲述着他们工作的重要性，并且认为那些对意欲留下的领导力财富起决定作用的过程，如何就存在于那些他们必须要面对的最重要的工作之中。

一年之后，我们又和其中几个人进行了一些交流，结果发现这一话题仍然在大家中间产生共鸣。正如他们那时所说的，尽管一项思考形成的过程，与危机来临时领导力财富思考法的自然启动不无相似之处（比如得了危及生命的疾病、面临继承父业等等），但伴随危机而产生的那种思考是非常感性的，虽然也很有力量，但由此引起的行为变化大多不会持续太久。相反，在没有任何危机的情况下进行的领导力财富思考才有助于培养更加独到的见解，并能带来持续的行为改善。其中一个经理说："你当然不需要靠危机来获得那种清晰的思考能力。事实上，或许是某种领导责任，起到了危机发生时那样的思考效力，这无论对公司还是对你个人，均有益处。"

我曾经的表现如何？

有了财富思考并不见得就一定能够保证公司取得成功，本书也无意于向读者介绍什么成功秘籍，正如沃顿商学院（Wharton）的罗奇·帕瑞尔教授（Roch Parayre）曾经说过的那样："好的决策不一定会带来好的结果，这两者是有差别的。"[7]但无论是年轻人还是上了年纪的人、无论是新上任的领导还是有着丰富经验的老领导，财富思考都可以帮助优秀的管理者充分发挥他们的优势。不但如此，它还可以帮助那些处于挣扎中的领导者获得更加准确的判断力。

总部设在马萨诸塞州剑桥市的福里斯特研究公司（Forrester Research）的主席、董事长兼首席执行官乔治·克洛尼（George Colony），是这样进行总结的：

> 此前，我从没想过要从领导力财富的角度出发去思考我的日常工作……对于我和大多数人来说，领导力财富思考就像是你在82岁时站在佛罗里达的一个高尔夫球场上问自己："我曾经的表现如何？"
>
> 但我希望每天都能作出英明的决定。在结束每天的工作时，我希望对自己说我今天所作的大多数决定都是不错的，我希望我的决定能够与公司的使命保持一致的方向，也能够符合我本人的需要。如果从领导力财富的角度来总结和思考我在日常工作中需要如何表现才能够帮助我不断作出更好的决定，那么领导力财富思考法就将是一个很有用的工具。
>
> 我想，这其中的秘密就在于不要只把注意力放在长期目标上，在关注长期目标的同时，还要着眼于日常工作，在平时的工作中日积月累，才能逐渐建立起自己的领导力财富。[8]

初步练习

本书的大部分内容都是探索领导力财富思考的过程。因此，尽早（并且经常）做如下一些简单练习，对于你充分理解领导力财富思考的含

第一章

义并将之运用到你的日常工作之中,会很有帮助的。

在开下次会议之前,先花上几分钟的时间回答以下几个问题:在和大家交流之后,我希望他们有何感想?做何评价?行为发生什么变化?为什么?

然后提出一个问题:我如何才能满足他们的需要?

最后问这样一个问题:假如我此前没有做这个练习,我所期望看到的行为会有所不同吗?

在你开始阅读第二章的时候,一定要把这些问题牢记在心。接下来你就要学习如何评价你对你的同事所产生的影响了。

YOUR LEADERSHIP LEGACY

第二部分 影响力和持久性

第二章　你在发挥怎样的影响力？

多元观点法

在计划领导力财富时，你首先应该尽可能地去弄清楚，你目前正在努力建立的是哪些类型的财富。你在工作中的哪些方面对其他人的行为或观点造成了影响？在与你共事之后，他们的工作风格发生了哪些变化？你能确定你对关系密切的同事、直接下属，以及那些在你的核心团队之外与你共事的员工中间产生的是哪种类型的影响吗？你的马赛克图像中的每一张小图都清晰可见吗？

虽然你无法准确地说出你会对别人产生的影响，但你对自己的情况可以有个基本的了解。第一种做法就是运用领导力财富思考法来对你的业绩进行一下评估，如果能结合一个做得不错的360度评估的结果，将会特别有效。你可以问这样几个问题：这些评价结果表明我对周围的人产生了什么样的影响？我在公司历任领导者中处于什么位置？我给公司带来哪些行为上的变化？这些变化会在公司内持续多长时间？我的优势和弱点会给别人的行为造成什么样的影响？

另外一个很有效的方法就是运用我们所说的"多元观点法"（multiple perspectives exercise）。你可以用两、三段文字来描述一下你最想给你的组织（你目前就职的组织，或是你刚刚离开的组织）留下什么样的领

第二章

导力财富,然后再从不同部门选出两位同事,让他们简单描述一下他们对于你的领导力财富是怎么看的。

多元观点法既不需要你投入太多的时间,也不需要多么地深思熟虑,它只需要你用一种更为积极的态度去思考你的领导力财富。通常情况下人们都会这么想:"我希望这样被大家记住……"从某种程度上说这种想法也很有用,但它没有触及领导力问题的实质。正如我们所说的那样,领导力财富不应该是被动留下的,而应该是主动留下的;它更多地关注给别人造成什么样的影响,而不只是关注留下什么印象。

多元观点法总是能帮助你找到或者强化某些深刻的见解。在有些情况下,对于领导力财富这一主题的论述也会在第三方那里得到令人满意的回应;而在另外一些情况下,第三方的意见会让你发现一些意想不到的领导力财富,这些领导力财富有时会带来一些困扰,但多数情况下都会带来正面效应。

事实上,多元观点法并没有招致多少批评,甚至建设性的批评也很少。它既不是绩效评估,也没有按照正式的组织评价标准,它无非是让你的直接下属或同事在工作之余去做的一件事情,而且他们也未必会利用这个机会来抱怨你犯下的错误曾给他们造成了什么样的影响。更有可能的情况是,多元观点法使你更加明确了自己的优势,或许还可以让你意外地发现一些此前连你自己都忽略了的优点。一般来说,只有当领导者管理生涯中所遇到的问题得到成功解决之后,他们才有可能在反馈文章中提到负面的领导力财富。

多元观点法:案例分析

以下是使用多元观点法进行的两个案例分析。从中你会看到管理者和第三方在保持一种积极的领导力财富方面所做的出色的工作。但有时他们也会持一种消极的态度，把财富看作是"需要让大家记住的东西"而不是"能够改变他人思维和行动的东西。"但不管怎样，我们都可以从中得到一些我们需要的指标，并作为我们考察一个有效的多元观点法所应包括的规模、形式和内容的良好案例。

个案研究:萨莉·格林(Sally Green),波士顿联邦储备银行执行副总裁

我已经在联邦储备银行工作很长时间了，事实上前后总共三次。这是一家相当不错的机构，员工们都非常优秀，银行也提出了自己的使命。尽管如此，有时我仍不满足于现状，总想考虑其他一些机会。每当这时我就会对自己说："再等等，我想要对该组织产生的影响还没有实现。"

我想要影响银行的文化。虽然银行的文化已经悄然发生了改变，但还远远不够，还有太多事情需要我们去做。我认为我性格中最大的特点就是无论做什么都很"投入"。我希望看到我手下六百多名职员每天早晨都兴高采烈地来上班，因为这说明他们热爱自己的组织，对自己的工作和银行的整体愿景全身心地投入。假如一家公司总在进行大规模的裁员，员工在那样的气氛中是看不到任何希望的。但在我们这儿却有着大量的机会，那些对组织有强烈的归属感，并且清楚他们的贡献对整个组织有多么重要的员工，会发现并抓住这些机会。

培养员工工作积极性的一种方法就是鼓励员工在工作中相互学习，同时鼓励他们向组织以外的人，甚至是行业以外的人学习。我对知识充满着强烈的好奇心，这也许是我的一个弱点，因为太多让人分心的事情都源自于这种好奇；但同时这也许又是我的一大优点，因为正是这份强烈的好奇心，才使我一直保持着旺盛的精力。

在我来联邦储备银行之前，我在ABT联合咨询公司工作。那时我是个名副其实的工作狂，每天都没日没夜地加班。突然，我和丈夫经历

第二章

了一次严重的车祸,我受了重伤,卧床长达三个月之久。当我伤势痊愈重新回到工作岗位上时,早就躺在我办公桌上的那叠厚厚的文件(那些曾是亟待处理的文件)还原封不动地摆在那里。那一刻我突然明白了没有什么比人更重要,你的工作时间长短其实完全可以由你自己来选择,并没有谁强迫你去长时间地工作。这次车祸迫使我不得不在真实生活和我的理想之间寻求一种平衡。

现在的我几乎不会把休假一年年地往后推,但与此同时,我仍然一如既往地在工作中保持着旺盛的精力,这一点众所周知。我的工作节奏很快,有时我的下属们为了跟上我不得不疲于奔命。我就是这样精力充沛地工作着,我也希望能够激发起大家的工作热情,但同时我们也没忘记忙里偷闲地找些乐子。

观点一:史蒂夫·惠特尼(Steve Whitney),波士顿联邦储备银行高级副总裁

和萨莉一起共事,我学到了什么?

我觉得她总是能够提升我对自己以及对一起共事的同事们的预期。

她对我们的期望如此之高,以至于我觉得自己的总体业绩也因此有了很大的改善。我必须努力再努力,才能跟上她的工作步伐。我想即便有一天我不再与她共事了,由于受到她的榜样的影响,我仍然会保持一种很高的"基本节奏"。

自1994年我到波士顿联邦储备银行工作以来,一直在萨莉手下工作,期间我也换了几个不同的岗位。我觉得她的工作方法以及她对其他员工产生的影响,可以概括为以下四个方面的特征:

1. **精力充沛**。到目前为止,萨莉是我在这家银行所见过的高级管理者中精力最为充沛的一个。旺盛的精力令她出色地完成了许多任务，她也因此成为组织上下的知名人物。虽然这是一种很好的品质，但有时却令她手下的员工承受巨大的压力。一想到她，我的脑海中就会浮现一句话："向来就没有她不喜欢的项目……"

2. **富有同情心**。只要她的员工努力工作，她就会给他们以很大的肯定，不但如此，她还非常富有同情心，这在银行内部也是尽人皆知的。换句话说，萨莉一直认为有一点非常重要，那就是努力在工作与生活之间寻求一种平衡。有时她甚至认为个人的事情可以优先于工作。

3. **有紧迫感**。这一点似乎与她的充沛精力有些类似，但这里我指的是她如何全身心地投入工作。她对待工作总有一种紧迫感，而且对于工作的结果总是高标准、严要求。

4. **完美主义者**。如果没有按照萨莉的要求完成工作，她是无论如何不会接受的。写材料就是一个典型的例子，她对于书面材料的文体和质量要求很高，这一点在组织内部也是出了名的，所以组织内没有几个人敢给她写材料（有时，大家也不愿意给她写）。而且她总是让写材料的人先打草稿，然后反复修改，直到完全符合她的要求。这一点也许是她无意间留下的领导力财富吧。

我和萨莉之间在工作上是相互尊重、相互信任的关系，这样我有时给她施加一点压力，我知道她会认真倾听；反之，她也向我提一些批评意见，而她也清楚地知道我一定会虚心接受。我在这里开诚布公地说了她的一些优秀品质，也希望借此机会来表达我对她的敬意。

第二章

观点二：辛西娅·康利（Cynthia Conley），波士顿联邦储备银行副总裁兼法律顾问

以下是我对萨莉本人的看法：

- 她总是勇于开创新的观点和新的管理理念
- 她是以行动和结果为导向的，而且精力充沛
- 她自信、进取、有很强的权力欲
- 她办事坚决果断
- 她擅长于把相关各方召集到一起，最后达成明确和谐的结果
- 她总能成功地应对挑战，多么棘手的问题、多难对付的人，都得以妥善解决
- 她是美联储支付原则和系统的杰出大使
- 她在克服困难，排除障碍方面富有成效
- 她始终以旺盛的精力、百倍的热情、全身心的投入对待工作
- 她非常支持、尊重员工，并且很关心他们
- 她是一个系统的思想者、策划者和实施者
- 她反应灵敏、行动迅速（少数情况下甚至太过迅速，但能够接受大家的批评）
- 她总是以客户为中心（虽然有时太在乎客户的反馈意见）
- 她的工作量很大，但似乎还想做更多的事情，因为有太多事情令她感兴趣
- 她开会经常迟到

自从萨莉到人力资源部任职以来，该部门发生了巨大的变化。以下是我的一些看法：

> 与此前相比,人力资源部的工作效率更高了,更为公司上下所了解,也有了更多的话语权。(这主要得益于萨莉本人对于人力资源工作重要性及其职责的透彻的理解。)

> 萨莉使得人力资源部门的职能高速运转。(但同时,她雷厉风行的风格也使得原本就忙得不可开交的员工更加焦头烂额,某种程度上影响了他们的工作质量。)

> 对于银行的高层管理者来说,萨莉是一个很受欢迎的人力资源工作的说客和使臣,她的一些工作建议令我和分管人力资源工作的主管抱有很大的希望,我们获得了更多的支持,感觉很踏实。

> 她对人力资源工作的一些重点项目给予了长期的系统的关注。

> 她有时会为一些不太有价值的事务性的工作牵扯太多精力,从而一定程度上耽误正常工作的进展,但最近这方面的问题似乎好多了。

> 有时萨莉行动起来就像一阵龙卷风,但这多半是好事情!

个案研究:弗雷德里克·伯恩斯坦(Fredric Bernstein),美国 Manatt, Phelps & Phillips 律师事务所演艺、广告及媒体部联合主任

弗雷德里克·伯恩斯坦从事律师及媒体主管工作已经超过二十五个年头了,其中包括他在哥伦比亚三星电影集团公司(Columbia TriStar Motion Picture Companies)担任总裁的经历。当时,他负责哥伦比亚影业公司(Columbia Pictures)、三星影业公司(TriStar Pictures)、索尼影业公司(Sony Pictures Releasing)、哥伦比亚三星电影发行公司(Columbia TriStar Film Distributors International),以及索尼经典影业公司(Sony Pictures Classics)的业务运营和监督工作。

第二章

如果让我用一个词来描述我想如何被大家记住,那么我希望这个词是"公平和正直"。我是个公平正直的人吗?我不得而知,但我宁愿认为我是。我经常对我的孩子们说:"无论你们将来是富有还是贫穷,是聪明或者愚笨,我都不在乎,我只希望你们能够成为公平正直的人。这不是什么最高目标,而是你们一生都要努力去做到的事情。"我看过的一部电影中有这样一句台词,一位丈夫要离开他的妻子时,说:"我从未欺骗过你,也从未虐待过你和孩子。难道这还不够吗?"这当然不够,而且远远不够,这只不过是你每天都应该做的,这是作为人的一个底线。

我们每个人都希望别人认为自己是聪明人,但对于我来说,我更希望大家觉得我是一个睿智的人、正直的人、品德高尚的人。为公司招揽更多生意固然重要,但我也常常告诫公司的其他律师要慎重考虑他们所代理的客户。有时你可以假装必须把你所代理的每一位客户的情况透露给你的其他客户,而有时你不必就为什么不愿意代理他们的案子向那些糟糕的客户做过多解释。曾有一次,一位客户想让我们为他做一个特殊的辩护。他说:"周一我会给你十万美元的定金支票。"我说:"我不确定我是否想要这笔钱。"那个人说:"可我还没有告诉你这是为什么?"我说:"我不确定我是否想要知道它。"你要在一开始就把你的意思亮明。

对于干我们这一行的来说,大多数人会有的工作和家庭生活的分界限却令人感到困惑。在工作中,你要"压榨你的邻居;生意归生意;攫取最后一枚银子。"然而在家里,你可能是一个谦谦君子。其实娱乐业的门槛是很低的,只要你有钱或者有关系就可以轻易进入这个圈子,结果是,如果你确实有些资本,你容易变得非常好斗。

我希望给大家留下公平和正直作为我的领导力财富。我已经在这个行业干了二十多年,我所受理的案件,从无一起因处理不当而遭客户投诉。这对于我来说,才是最重要的事情。

观点一：尚·迪瓦恩（Zanne Devine），灯塔电影公司（Beacon Pictures, Inc.）制片主任

尚·迪瓦恩的作品中包括两部非常著名的电影，一部是《四个婚礼和一个葬礼》（Four Weddings and a Funeral）；另外一部是《冰雪暴风》（又可译为《雪花高城》）（Fargo）。

弗雷德里克·伯恩斯坦的一些领导力财富对我的做事风格产生了很大影响。首先，他教我拥有个人观点的重要性。弗雷德里克是我的第一个老板，那时候，虽然我对所有情况都做了详尽的分析，却不愿意发表自己的看法。这时他就会说："我想听听你的看法，你是怎么想的。"在弗雷德里克看来，很多人都能做搜集一些精确数据的工作，也能对这些数据做些客观分析，但是否能够对某一问题提出自己的看法则令人们有所不同。对此我受益匪浅，也感激不尽。

弗雷德里克还教会我经常赞美别人。记得一次我们对一部电影进行初期审查，那部片子拍得实在一无是处。在观看的过程中，我心里一直在说："天啊！怎么这么糟糕！"我看得倍感煎熬，几乎有一半的时间在烦躁不安中度过。终于影片放完了，当所有的灯光骤然亮起时，大家不约而同地看着我和弗雷德里克。我也看了他一眼。出乎所有人的意料，他说这部片子拍得不错，很真实。所以，虽然这部片子拍得糟糕，他也让大家知道了这点，但我看到他还是处理得非常得体。他清楚他必须要说什么话，但却用一种大家都能够接受的方式表达。"拉比"弗雷德里克，是个很有人情味儿的人。

现在我无论对什么事都会尽量有自己的观点。我也要求我的员工除了提供相关数据分析材料以外，还要有他们自己的观点和思考，我也会经常对他们说一些赞美的话。

第二章

观点二：琳达·迈尔斯（Lynda Myles），伦敦的独立电影制片人

琳达·迈尔斯曾是哥伦比亚影业公司的高级副总裁，目前她是伦敦的独立电影的制片人。她的作品包括这样一些获奖的影片：《追梦者》(The Commitments)、《噼啪小妹》(The Snapper)、《发财列车》(The Van)、《丑闻风暴》(Defence of the Realm)等。目前她还是英国国家电影电视学校导演系的主任。

当我在哥伦比亚影业公司任高级副总裁时，弗雷德里克在哥伦比亚三星电影集团任商务部主任，后来他荣升为电影制作总裁。20世纪80年代末那段时期，我经常直接向他汇报工作。我想他最大的领导力财富之一就是，他用实际行动告诉大家：在这一行中做一个"好人"不是不可能的。单从他待人接物的方式你就足以说他是个不折不扣的好人，是个绅士。

虽然他在行业中已是非常有影响力的人物，但他却为人非常低调，从不装腔作势。公司里有些"传统的"决策者几乎每时每刻都用来与人勾心斗角、拉帮结派，弗雷德里克的所作所为则告诉大家，你可以为人谦虚低调而又不弱化你的权力。他做任何事，比如教练那些下层社会的贫穷孩子所组成的运动队时，都是极为谦逊的。他从不炫耀自己，或者显得有什么了不起，他这样做是因为他从这一份体验中获得了巨大的乐趣和强烈的个人满足感。

好胜和爱出风头向来是商务部门的文化，你总能听到有人声音大得震破了天。相比之下，弗雷德里克就显得既儒雅又有幽默感，你从来听不见他大喊大叫。

要是你不够强硬，你就做不了商务部门的头儿。弗雷德里克也是个强硬的决策者，但他的这种强硬却不会造成人们之间的不和，他似乎总能摆对自己的位置。在这样一个人人怀有戒心的社会里,他却一直保持他的真我,并从中找到乐趣。

在我看来,他为那些立志成功的优秀人士树立了一个很好的榜样。他留给我们的领导力财富是:你可以在这一残酷竞争的行业里获得成功,而无需付出葬送你的价值观的代价。为人正直是他留给我们的最好财富,在一个到处充斥着丑陋面孔的行业里,他始终是一个极为正直的人。

萨莉·格林和弗雷德里克·伯恩斯坦各自对他们自己所做的非正式的评价,与第三方调查者的观点大体一致。然而,正如这些反馈文章中所描述的,格林和伯恩斯坦也在一些他们过去没有意识到或者没有太在意的方面,有着重要的影响力。比如,当格林看到史蒂夫·惠特尼和辛西娅·康利所写的文章后,意识到这个练习使她在某种程度上加深了对于员工需要的理解,清楚了员工们为了做好工作,想要从她这里得到什么,不想得到什么。而伯恩斯坦则发现他的影响力除了包括公平和正直之外,还包括真诚、幽默、关心他人。

谁会成为你领导力财富的受益者?

当你运用多元观点法来审视你的领导力财富时,你会发现它可以帮助你确定你的领导力财富到底会对哪些人产生影响。

你的领导力财富在多大范围内产生影响?你的某些行为是不是只对一个圈子(比如关系密切的同事)产生影响,而对其他人则没有什么意义?你的某些行为所产生的影响,是不是可以从你的核心圈子扩展到整个组织,甚至影响到你们公司总部所在的社区,乃至公司的各个分部?

仔细想想那些有可能成为你的领导力财富受益者的群体,想象一下对于他们每一个群体来说,领导力财富应当是怎样的?评价一下领导力

第二章

财富为什么以及如何在他们中间发挥作用。表2-1描述了这一过程。

表2-1 你的领导力财富的受益者

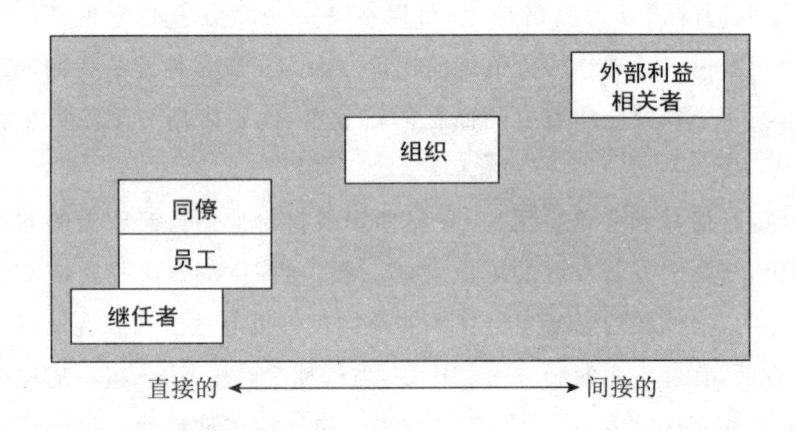

```
┌─────────────────────────────────────────────┐
│                              ┌─────────┐    │
│                              │ 外部利益 │    │
│                              │ 相关者  │    │
│                   ┌────────┐ └─────────┘    │
│                   │  组织  │                │
│         ┌──────┐  └────────┘                │
│         │ 同僚 │                            │
│         ├──────┤                            │
│         │ 员工 │                            │
│   ┌─────┼──────┘                            │
│   │继任者│                                  │
│   └─────┘                                   │
└─────────────────────────────────────────────┘
     直接的 ←─────────────────────→ 间接的
```

你的继任者

继任者是指在你离开公司后接替你的职位、承担你的责任并行使你的权力的那个人。你们可能从未谋面，但他或她肯定会或多或少地受到你过去的所作所为的一些影响。

你的领导力财富对于他意味着什么呢？也许它像一套功能强大、根深蒂固的操作原则，成为新的领导者建功立业的基石；也许它对你的继任者来说是一种挑战，一个需要紧紧追赶的标杆，尤其当公司处于上升期时，他更感觉逼迫；它甚至可能像一道鞭挞，一剂毒药。如果你留下的是组织内部的争权夺利，或者是财务上的烂摊子，那么你的继任者就不得不进行一番变革，从困难重重的起点来建立他自己的领导力财富。无论是哪种情况，当你的继任者开始建立他自己的领导力财富时，你的领导力财富都会对他起到促进或限制作用。还记得你初任这个领导职位时的情形吗？你的前任留给你的是包袱还是礼物？它对你后来的工作产生了怎样的影响？

现如今,企业经常要面临结构调整和重组的情况,领导者的职责也常常会因此被分散或再分配。除了首席执行官之外,每当有新人加入组织,许多职位(如果不是大部分职位)就要在规模、范围或是职责方面进行重新分配。比如,一个新上任的人力资源部高级副总裁也许现在是"首席人事官"(Chief People Officer),这意味着他的职责范围更大、级别更高了。要是前任高级人力资源副总裁知道这个职位将会发生什么样的变化,也许他努力留下的领导力财富,就可以为后来这个职位的发展打下更坚实的基础。在这种情况下,一笔强大的领导力财富,或许应该是有着清晰、恰当的绩效指标的能力平衡的管理团队。如果首席人事官一上任就已经具备了这些优势条件的话,他就可能更加迅速、更加自信地承担起那些新增加的责任。

我们再来看一个与之形成对比的例子。一个高级副总裁新近上任了,他的头衔和职责与前任没有任何变化。他有可能留下的非常典型的领导力财富,也许就是他长期以来对部门及整个组织所抱的一系列期望,虽然这可能是他无意间留下的。这其中可能包括员工在多大程度上行使他们的自主权或者他们的职权。而这对于继任者来说,某种程度上就像是一具枷锁。相反,一份有用的领导力财富则是经过精心策划,并在权力交接时就呈现出价值来的。即将离任的领导者或许会就部门将来的发展方向提供一些看法,交待有哪些方面的工作还没有完成,将来的工作可能遇到什么困难等等。积极的领导力财富可以给继任者带来一份归属感("现在它就是你的孩子,将来怎样就看你的了"),它还可能为新上任的领导在部门内或整个组织范围内获得更多支持打下坚实的基础。

一般情况下,继任者继承的领导力财富都是广义的,而具体继承些什么要由他的工作性质来决定。如果继任者和前任原本就是同事,继任

第二章

者对这份领导力财富就不会感到那么陌生；如果继任者曾是前任的直接下属，那么她极有可能会继续沿用前任领导的日程安排，保持原来的工作习惯。比如她可能会用同样的方法来安排工作的优先次序，或者用同样的议程召开例会。随着时间的流逝，当继任者的工作完全步入正轨并开始建立自己的领导力财富时，前任领导力财富的影响就会逐渐变淡。如果前任留下的这份领导力财富非常强大，继任者已把它融入到自己的领导风格中来，那么，这份领导力财富就会变成组织文化的一个要素，代代相传。

你的员工

这一群体成员尽管并不直接向最高管理层汇报工作，但通常情况下，他们都能够理解顶层领导者的思想过程和思想框架。比如，一位高层领导者采用某种方法来设定目标或者召开头脑风暴（brainstorming）式会议，那么这种方法（如果运用得当的话）就很有可能在整个公司范围内被广泛使用，虽然该领导者并没有明确要求这么做。从这个意义上来说，顶层领导者的行为就像是思想程序和思想框架的一个引领计划，一旦其他层级的领导者也纷纷效仿，这种方法就会在整个组织迅速流传开来，并在某些情况下传递到其他组织中。我们在第一章中提到的杰克·韦尔奇的追随者们就拥有与他们的老板一样的领导风格；反过来，他们也可能把类似的思想过程和框架传递给他们的直接下属。如此等等。

另一笔巨大的潜在财富来源于领导者的行为，因为它会对员工产生巨大的影响。员工们总是在密切地关注着领导者的一举一动，有时，领导者的行为会令员工的工作方式发生彻底的改变；有时，员工会主动模仿领导者的行事方法，并将它融入到自己的工作风格中去；有时员工会发誓说："我再也不那样做了！"这时，所谓领导力财富就是受到老板的行为影响而努力做事的一群人。

比如，扬基集团（Yankee Group）的首席执行官埃米丽·内格尔·格林（Emily Nagle Green）曾说过，她在福里斯特研究公司做乔治·克洛尼的助理时，一直在观察他的言谈举止，从中学到很多东西。

许多次在会议上我都仔细观察乔治的举动。当大家对于一个问题就要做出非常局限的结论时，他试图让人们再放开些思路，这时，他就会说："等等！我反对！"我从他的这句话中受益匪浅。

一直以来大家都认为我是个总能想到更好办法的人，但我认为这部分得益于乔治。当员工遇到无法解决的问题来找我时，我会对他们说："不可能一点办法也没有！我们都是些聪明人，让我们坐下来好好想一想，或者去白板那边。"我曾多次看见乔治采取这种做法，他是一个名副其实的"智多星"。我想我对他的工作重心的密切观察和我现在的行为方式及工作方式这两者之间，绝对是不无联系的。[1]

下面我们来举一个反例。一位高管回忆起他在一个首席运营官（COO）手下工作时的情景。他说，这位首席运营官做事离谱。他这样描述他从老板的所作所为中学到什么：

他是一个相当不错的人，但却总把事情搞得一团糟，因为他从来不能够在正确的时间做正确的事情。他的预期一向都不切实际：总是试图在很短的时间内完成一些非常复杂的项目；把大量的工作委派给一些完全没有经验的员工，最后迫不得已，还得帮他们另想办法。所以在工作中，我不得不更加努力，来选择合适的人员完成项目，并为项目的顺利完成安排足够的时间。看到他把自己弄得那么窘迫，我只能努力做一些平

第二章

衡的工作来加以补救。

一家连锁度假旅馆的财务总监（CFO）也给我们举了这样一个例子。在与一位总是武断下结论的经理共事过之后，他一直提醒自己不要步他的后尘。"他负责一个原本运行得很好的部门，但他总是夸大一些事情的负面影响，动不动就在董事会上公开发表一番武断的负面言论，结果大大挫伤了员工的士气。他太吹毛求疵，不顾全大局，给整个部门带来了一些极为不利的影响。纠正别人的错误是一回事儿，而言过其实、小题大做又是一回事儿。正因为我与这样的人共事过，我才懂得工作中应该更加小心谨慎，对每一件事情全面考虑。"

这位财务总监还回忆起另外一个经理。这个经理习惯于把他对员工的负面反馈意见写成信，封好后放在他们的邮箱里。这位财务总监说："这家伙是我的一个朋友，但他实在是一个糟糕的经理。你可以想象这种做法会对员工造成什么影响，除了一种强烈的挫败感和觉得受到不公对待之外，他们连当面说清真相的机会都没有了。虽然我从来不会采用他那种方式向员工传递负面意见，但因为我曾与他一起共事过，我在人员管理方面也会格外小心。我的建议是，你可以当面交流，可以安排与员工进行一次谈话，但不要搞突然袭击，更不能剥夺他们的话语权。你要允许他们宣泄自己的情绪，要给大家这样的机会。"

并不是只有优秀的领导者才能留下领导力财富，这看似有点奇怪，但却是事实。那些不幸的领导者，计划性不强的领导者，哪怕是很坏的领导者也会为后来者留下宝贵的财富，这是因为下一代领导者可以从他们的错误中吸取宝贵的经验教训。

正如萨莉·格林所说的："当你离开公司时，留在你身后的是员工，以及他们为公司所做的承诺和贡献。这就是你所留下的领导力财富。"

你的同僚

同僚们也可以从领导者的财富那里有所收获。他们会直接或间接地学到领导者的一些思想方法和框架，并将它整合进自己的日常工作。他们效仿领导者的一些行为，努力避免另一些行为。但一般来说，他们更愿意学习一些基本的工作方法。比如你是如何看待工作的，你每天坐在办公桌前究竟做些什么，你的价值观是什么，你的工作哲学是什么。如果你的方法能与他们产生共鸣，那么这些方法就有可能成为你的领导力财富的一部分。

美国波士顿市西蒙斯学院（Simmons College）商务部主任罗伊·斯奇菲力蒂（Roy Schifilliti）给我们讲述了一个关于他同事的故事。他的这个同事曾患有癌症，但却奇迹般地活了下来。在她癌症治愈后的第五个年头，她问斯奇菲力蒂是否愿意和她一起去参加一个为期两天的泛马萨诸塞州自行车挑战赛，来为癌症治疗方面的研究募集一些资金。斯奇菲力蒂是这么告诉我们的：

> 我立即就答应她了，然后出去找了一辆自行车开始紧张的训练。我已经有近二十年没有骑过自行车了，但没办法，我们仅剩下五个月的训练时间了，而且我要尽量使自己保持最好的竞技状态。我独自一人训练并随时告诉她我的训练情况。大概两个月后的一天，她把我拉到一边，说："你知道吗，这只是一个普通活动，你太紧张了，没必要这么紧张。"
>
> 她说得很对，我确实感到非常紧张。我一直都是个好胜心极强的人，无论对待工作还是对待生活都是如此，都要做得比别人好。但她让我从一个新的角度来审视我自己，她告诉我其实我错过了生活中其他一些更美好的东西。从那以后我就和

第二章

她一起训练。癌症已经使她一条腿上的部分肌肉失去了活动能力,她骑车的速度不可能和我一样快,为了迁就她,我就要放慢速度才能和她保持同步。结果和她在一起训练的过程非但没有让我觉得痛苦,反而觉得很享受。这次训练给了我一次全新的感受。到了真正比赛的那一天,我们并驾齐驱,那种感觉真是棒极了!

放慢生活节奏,把一切尽收眼底,这是我最大的进步。现在在工作中,我也努力放慢节奏,尽量一边工作,一边享受生活中那些美好的东西。我们虽然在同一个组织,却从事完全不同的工作,她是负责学生生活的副主任。虽然我们的工作性质有很大的区别,但我的工作方法却因她而发生了彻底的改变。[2]

你不能指望有谁明确对你说:"请从我的奋斗经历中吸取一些经验教训吧。"但是一种觉悟如果让一个人能够从中受益,也能激励别人提高对自己的要求,为自己的人生标杆设置更好的标准,或者让人觉得有了更好的理由做最好的自己,那就是领导力财富思考在发挥作用了。

外部利益相关者

至于外部利益相关者,虽然他们不会说他们工作态度和行为方式的改变是因为受到了你的影响,但你却极有可能在与他们接触的过程中,对他们的工作或者社区的氛围产生了影响,虽然这种关联看起来不是十分明朗。更难分辨的是,你很难说这种影响应该归功于你个人的领导力财富,还是归功于公司的影响。尽管如此,尽可能地从个人角度出发来考虑这两者之间的关系,仍然非常重要。

比如,你们公司的经济效益与公司所在社区的经济状况到底有多大的相关性?维持社区就业水平、吸引更多雇主都是你的领导力财富对外部利益相关者造成影响的具体体现。位于美国缅因州福里波特地区(Freeport, Maine)的 L. L. Bean 公司董事长利昂·戈尔曼(Leon Gorman),就对该地区的居民产生了重大影响;位于印第安纳州哥伦布地区的康明斯发动机公司(Cummins Engine Company)的高层管理者也同样对该地区产生了重大影响。

另一个外部利益相关者所能切身感受到的方面是,你的领导力财富可能保持和提高一个企业团体甚至是一个行业的专业化水平。我们的一个朋友开了一家小型机场大巴公司,他一直都想成立一个行业协会,为此做了不少工作。他努力的结果是,规范大巴司机培训和职业行为的全国性统一标准最终出台。

建立企业实体和非营利事业之间的密切联系,是你的领导力财富的有形体现。此外,为行业的快速、健康发展培育一个良好的大环境,也是你的领导力财富的重要体现。像硅谷(Silicon Valley)和 Route 128 这样的高科技区,以及意大利的普拉托(Prato)和特尔维索(Treviso)附近的时尚区[3]等,是由一批才智出众的人士共同为我们留下的宝贵的领导力财富。

大多数高层管理者都无法明确指出哪一个社区的发展,或者哪一次重大的科技进步是在他们的亲自带领下实现的。尤其是,当这些重大影响的参与者不只是领导者一个人,还有许多其他人时,就更难明确指出哪些是他们的领导力财富。虽然如此,他们领导力财富的重要性并不因此有任何削弱,是那些小企业主为其公司所在社区的生活带来了生机与活力。问题的关键在于,当你的领导力财富所造成的影响由直接转为间接时,你该如何看待这种影响的转移和变化。

意料之中的影响和意料之外的影响

1986 年,拉尔夫·纳德(Ralph Nader)和威廉·泰勒(William Taylor)

第二章

推出一本名为《大男孩》(The Big Boys)的新书。在书中他们这样写道："人们总喜欢用一套标准做依据来进行评判。"[4]

这句话道出了高层管理者面对的一个难题,他们都有一套既定的标准(通常是公开的),对真实发生的事情进行评价,这些标准是领导力的意料之中的影响。但问题是,当领导者面对这些意料之中的事情时,他们也会把注意力集中到另外一些标准上,那些对被排斥行为进行不公开评价的标准,它们,也构成重要的领导力财富。

本章所讨论的内容,旨在强调或发现一些领导力财富影响中比较隐蔽的方面。领导力财富思考的下一步则通过探索领导者的职位(官衔)和自然角色之间的差异,来寻找一个如何看待领导力财富问题的新视角。第三章将对这一问题进行详细分析。

第三章　你在扮演什么样的角色？

看看你无意间造成的影响

> 天啊！四十多年来我一直在进行乏味的说教却全然不知！
> ——摘自莫里哀（Jean Baptiste Moliere）（1622—1673）的《贵人迷》（*Le Bourgeois Gentihomme*）

最后敲你办公室门（或给你打电话、发电子邮件）的十个人是谁？他们来干什么？是来请教你对于一个短期项目或者长期项目的看法？还是需要一个参谋来帮助他们安排工作的轻重缓急？是需要你给予他们一些鼓励，帮助他们解决一些矛盾？还是单纯地想要向你汇报工作？

他们来是想就一个可以公开的问题还是不能公开的问题向你寻求指导？是否想让你做出判断？给出观点？进行裁决？直至直接给出问题的答案？

这几个人是不是总来向你咨询同样的问题，要求解决相似的矛盾？在公司发展的许多时期他们是不是都这样做？比如，在公司高速发展期、绩效稳定期，或是面临巨大压力时期，其他人也会为了同样的问题来向你求助吗？

第三章

　　以上所提到的问题值得你认真思考,它们可能是有用的指示器,告诉你你对所领导的员工产生哪种类型的影响。

　　本章中,我们将帮你建立一个知识库,你可以据此知道你对别人产生影响的性质和范围。那些来找你的人,没有按公司的常规与你联系,但所谈事情却未超出双方工作的职责范围。他们可以告诉你你在工作中自然地扮演了哪种角色,这些角色能否直接反映出你的职位所应承担的职责范围。对这些人来说,你满足了他们的要求,而从你的领导力财富思考的角度来说,他们的需求也让你有机会审视你正在建立什么样的领导力财富,同时密切关注你意欲建立的长期的领导力财富。

你的职位支配着你的角色

　　通常有什么样的工作性质,就需要采用什么样的领导技巧或领导行为,只有明确了这一点,你才有可能成为一名成功的领导者。这些领导技巧和领导行为能够帮你建立起有影响力的、通常都是正面的领导力财富。但是考虑到这种领导力财富会影响其他人的行为方式,它们未必就是你最满意的财富。从领导力财富思考的角度来说,重要的是,你要懂得把握好你这个职务上所应承担责任的分寸,面对一些特殊情况时,该适当强硬的时候就适当强硬,该藏起锋芒的时候就藏起锋芒。

　　处在什么样的职位就扮演什么样的角色,埃德加·布隆夫曼(Edgar Bronfman)就是一个典型例子。在美国布隆夫曼投资集团收购了时代华纳(Time Warner)旗下的华纳音乐集团(Warner Music Group, WMG)之后,布隆夫曼就成了华纳音乐集团公司的首席执行官。他在任职期间,给华纳音乐集团带来了合作的、理性的管理风格,从而使得该集团的绩效大幅度提高,他也因此得到了大家的一致好评。但布隆夫曼刚刚就任该公司的首席执行官时,大家对他管理风格的评价却完全不同。当年，他一上任就迅速果断地削减了两亿五千万美元的成本，其中部分是通过裁员来实现的。他的举措当时在公司内外受到了强烈质疑。布隆夫曼原本不想建立一种新的公司文化，因为他毕竟初来乍到。但只有在一开始就采取强硬的措施，他才能够重建领导团队，培养一种无所畏惧的文化（在政治领域，这种方法被称为"尼克松在中国"策略）。布隆夫曼加入华纳之前，他曾经把环球公司（Universal）旗下的施格兰公司（Seagram）和音乐制作部门并入维旺迪公司（Vivendi），他的这一举动所带来的不那么漂亮的结果引起大家的激烈争议。也许是因为对布隆夫曼以前做法有先入为主的成见，大家对他初入主华纳时所采取的一系列强硬措施尚存疑虑。

贝恩投资公司（Bain Capital）的总裁迈克尔·沃德（Michael Ward）向我们讲述了另外一个很好的例子。故事的主人公我们暂且叫他詹姆斯（James）。詹姆斯的管理风格一向很温和，他的优势在于，擅长通过确立一些新的工作目标而使员工受到激励。在初任职这家残疾人用品生产公司的首席执行官时，詹姆斯决定改变以往的形象，扮演一个完全不同的角色。上任两个月后，他逐渐意识到，这家公司的最大问题就在于中层管理者的工作效率太低，而且他们中的大部分人已经在这里工作了很长时间。因此在詹姆斯正式着手制定公司的愿景和战略之前，他需要先辞掉其中的十四、五个人，然后再进行部门重组。该公司之所以聘用詹姆斯担任首席执行官，就是看重他强大的制定和实施长期发展计划的能力，以及激励员工的能力。但他留给大家的最初印象却没有体现出这些方面的才能。事实上，一开始员工们并不服气，也不赞同他的这些管理方法，直至他对公司实行的内部调整的影响逐渐减弱，大家才开始逐渐认可并接受他。

以上两位领导者都有许多不同的领导技能，并且都能在工作需要的时候加以运用。他们上任初期建立的领导力财富同公司发展趋于稳定

第三章

之后所建立的领导力财富同样重要。但从领导力财富思考的角度来说，最重要的是，这两位领导者从哪里得到最大的满足，他们能否明确说出哪些方面才是让他们得到最大满足的地方。

作为领导者，你需要有适应环境的能力；而作为一个想要规划你对别人行为产生影响的方式的人，你需要明白你在如何本能地影响别人。如果你的本能举动与你的目标相吻合，你就极有可能成功建立你自己的领导力财富。换句话说，如果你意欲留下的领导力财富刚好与你的天性相符，那么你的领导力财富就极有可能更加深入人心。

明确你的自然角色

有许多很好的、行之有效的领导方法。如果给三个人分配相同的工作，虽然他们最终都能胜利完成任务，但可能会拥有不同的管理风格和管理理念。人在发展的过程中，其自然角色都会或多或少地受客观环境的影响和强化，这种影响有时是显性的，有时是隐性的。如果你希望你的领导力财富切实可行，你就要尽可能使你的目标和你的自然角色相吻合。正如马克·吐温（Mark Twain）所写的："一个人如果没有得到自己的肯定，是永远不会觉得舒服的。"

如此说来，你要全面考察一下你所处的领导环境，并把你的角色放在你所处的具体环境中去理解。也就是说，你要清晰地表述出你的自然角色，它不同于你的职业道路、你目前所处的职位，以及你们公司的状况。

关于这个问题，没有现成的模式可供参考，也不可能有什么正式的训练。相反，它是一个宏观任务，目标是区分哪些是你的自然角色，哪些是你的职务要求你扮演的角色；确定你在哪些领域可以得到最大的满足，在哪些方面具有天生的优势；并将你的注意力集中到你计划建立领导力财富的那些地方。

在为本书做调研的过程中,我们要求许多领导者明确他们的自然角色,然后我们对这些自然角色进行归类,结果分出了几个大类。各个类别之间并不相互排斥,也不见得适合每个人,也许你会发现你的自我描述被分到了类别 T 之中,而更多情况下,这些描述只是为你的自我评价提供了一些可资参考的意见。

大使

大使是那种通常靠直觉就知道该如何从容应对各种场合的人,他们处理各种不利局面,为了大家的利益而不是一己之力被卷入到各种复杂的矛盾和纠纷之中。

乔恩·扬格(Jon Younger)曾做过多年的职业顾问,后来被聘任为美国中西部一家大型银行——花旗银行(National City Corporation)的首席人事官。在此期间,他引进了许多该银行从未使用过的人事评估工具和发展框架。其他组织也曾尝试采用这些框架和工具,却都因困难重重而流产。花旗银行则不同,员工们似乎很容易就理解并接受了这种新秩序,多数人认为这一切应归功于扬格。他知道如何在不破坏原有秩序的情况下开拓新局面,他天生就具备这种能力。

有趣的是,扬格没有一点主场优势,因为他的大部分同事,整个银行的大多数员工都是土生土长的本地人,而他却是在布鲁克林(Brooklyn)长大的。他总是以一种温和的方式坚持自己的原则,既让大家信服,又给大家以尊重。正是因为这种能力,他的领导之路才变得异常通畅。

如果你认为你具备大使的潜质,你不妨问问自己:我喜欢在不破坏原来秩序的情况下开拓新局面吗?当矛盾出现时,我能充当一个调节人吗?我天生具备妥善解决问题的特质吗?我能在会议中消除大家意见上的分歧吗?我能够领会他们的意思,平息他们心中的怒气吗?我是谈

第三章

判中的外交官吗？通常情况下，我是举起聚光灯照亮别人，还是自己站在光环下吸引别人的注目？

在撰写本书时，我们采访了一位高管，他是一位企业有效整合方面的专家。他向我们提到了两个人：英德拉·诺伊(Indra Nooyi)和史蒂夫·雷尼蒙德(Steve Reinemund)，他认为这两个人天生具备大使的素质。在百事可乐公司(Pepsi)兼并奎克公司(Quaker)之后，诺伊担任合并后公司的总裁兼首席运营官，雷尼蒙德担任首席执行官。"他们两个人都是思想深刻的领导者，清楚地知道该如何处理诸多复杂的问题，并将这些问题进行整合。"他说，"这两家公司实力都相当雄厚，各自有着庞大的资产、品牌产品以及悠久的发展历史，整合这样两家企业的局面之复杂是可想而知的。能够妥善处理好合并中的所有工作，无疑是相当了不起的成就。在两位高层领导者带领公司成功完成了这一重大转变，并在转变后呈现出喜人的发展态势的时候，如果不说这是他们留下的一笔宝贵的领导力财富，那么至少，可以说这是他们杰出个人才能的一种证明。"

倡导者

倡导者天生就是一个团队的发言人。一般情况下，他们具备以下几个方面的素质：口才好、富有理性、讲求逻辑、极具说服力，并且坚持不懈地提倡新的思想、新的战略定位。倡导者常常使用线性和非线性两种方法来论证他们的观点。

艾丽斯·米罗德(Alice Milrod)在费城做了二十多年的投资管理主管，最近刚刚成为宾州银行(PNC Bank)私人客户部和投资管理事务部的高级行政主管。她认为她天生就具备倡导者的素质：

> 最近，我们做了一个大项目，引进了银行管理账户。我们先用了一年的时间进行项目策划，然后又用了九个月的时间来

执行,直至该项目首次公开与大家见面,期间有一百多人陆续参与到工作中来。之前我用了很长一段时间来向大家解释这是个什么概念,虽然有些人不需要知道那么多细节就可以完成工作,我还是尽可能详细地向他们多做解释,因为我想要确保每一个参与的人都有机会为项目做出他们自己的贡献,只有你完全了解了情况,才能做更大的贡献。

我希望大家学到更多的组织技能,以便顺利完成诸如此类的大型项目。这也是我领导力财富的一部分……我非常愿意在全公司范围内鼓励多样化,而且乐此不疲,我认为这是我与生俱来的一大优点。如果一个人完全不明白另外一个人到底在说什么,他自然会对所说的内容充耳不闻,甚至产生抵触情绪。我认为我面临的压力就是弄清楚他们每个人想要为这个项目做些什么贡献,这一点非常重要。我希望大家记住我是一个鼓励思想多样化的人,如果能在这方面给大家树立一个典型,我将求之不得。[1]

虽然乔治·克洛尼是福里斯特研究公司的缔造者之一,但本质上讲他应该属于一个很好的倡导者。克洛尼非常相信技术的力量,总是积极倡导运用新技术改进公司的经营。回顾过去他认为,他最大的成就不在于创建了这家公司,而在于开辟了一个能够让自己充分发挥倡导者角色的舞台。

如果你认为你天生就具备倡导者的潜质,你不妨问问自己:在工作中,我会为实现一个工作目标把大家重新团结在一起吗?我总是不满足于现状吗?我有创造辉煌的热情吗?(在遇到困难时,有没有人讥讽我是完美主义者?)我有没有必要改正?如果有必要,我有没有被迫采取行动?

第三章

那些天生就具备大使潜质的高层管理者们善于带领团队渡过激流险浪,但对于倡导者而言,处于激流险浪中正是他们喜欢的可以大有作为的工作环境。(许多倡导者看问题容易走极端,往往非黑即白;相反,大使们则常常会洞察事物之间的细微差别。这就是为什么倡导者总是需要为高层管理团队吸纳一些具有大使潜质的人,来帮助他们做一些缓冲的工作,用适当的方式说服员工接受他们的决策。)

推动者

推动者是指那些能够慧眼识英才,并帮助人才建功立业的伯乐,那些像父母般慈爱,无私培养下一代的人。他们在团队建设中总是起模范带头作用,是天生的良师益友。通常情况下,他们会与许多人保持通信联络;常常向新人介绍一些新的思想和方法;他们也很关心员工的业余生活;他们评价员工表现时眼光更宽广和长远,看他们是否具有更大的潜力。

波士顿联邦储备银行的萨莉·格林认为她本人就是一个推动者。"也许大家发现我同时扮演了几种角色,这其中包括大使和建设者。但在众多的角色中,最接近我本性、并且对于我也最为重要的一个角色就是推动者,即帮助员工建立他们自己的事业。我认为若要影响公司的愿景和文化,最好的办法就是让员工最大限度地发挥他们的潜能。"[2]

如果你认为你天生就具备推动者的潜质,你不妨问问自己:我能从推动员工向前发展的过程中得到最大的满足感吗?员工即使在离开公司后,也仍然会一如既往地信任我,希望我为他们的事业发展提一些建议吗?做一个员工推动者,你会享受到人们为你邮寄假日卡片的温暖情谊,人们会经常向你报告他们工作的最新进展,因为他们知道你会关心这些,虽然你们之间并没有什么共同爱好,也基本上没有多少往来。这时，你就确知你是个不折不扣的员工推动者。

有趣的是，有时倡导者会发现他们好像在扮演推动者的角色，但其实这两者之间是有区别的，关键就在于，帮助员工获得良好的个人发展，并不是倡导者快乐的源泉。

真理追求者

思想公正、具有良好的判断力、有平等意识、头脑冷静、关注过程、审慎中立、客观。真理追求者是唯一一个需要先决条件的角色，那就是：真理追求者必须是所在领域内可靠的职务胜任者，他们的胜任力是大家公认、毫无疑问的。

真理追求者天生热爱为那些需要的人们创造一个公平的竞争环境；他也帮助大家了解新的规则和政策；他们总是采取行动保持过程的完整性，努力找出根本原因或者核心问题。如果整个过程没有产生公平、公正的结果，那么他就会适时介入。

天生具备真理追求者素质的人会在人力资源职能方面大有作为。另外，他们还适合担任像直线部门经理那样的职位。

吉姆·罗斯曼（Jim Rossman）是一家大型广告代理公司的首席运营官，他为我们举了一个真理追求者的典型例子，那就是乔安妮·扎伊艾克（Joanne Zaiac）。扎伊艾克是这家广告代理公司纽约办事处的负责人，该办事处雇有五百多名员工，罗斯曼是其领导团队中的一员。为什么单挑这位高管作为真理追求者的例子呢？对此罗斯曼是这么解释的：

> 乔安妮广泛、公开地收集各方面的反馈信息。虽然她非常注重结果，但她在追求结果的过程中非常灵活，比如她会说："要是依据我们手头的信息不足以做出切实可行的决策，我们就得出去搜集更多的信息。"在尚未掌握充足的信息之前，她是

第三章

无论如何不会轻易去做决策的。比如，上任伊始她就制定了一个百天计划……她发起了一系列早餐会，尽可能地在整个公司范围内邀请一些专门的人士来参加，广泛听取大家的意见。她制定日程安排并将之付诸实施的方法体现了她的工作风格，而她的这种风格对她的同事以及所有为她工作的员工产生了深刻的影响。[3]

汤姆·莱珀特（Tom Leppert）是美国特纳建筑公司（Turner Construction）的母公司特纳公司（Turner Corporation）的首席执行官，他给我们提供了另外一个真理追求者的例子，那是特纳公司的高级副总裁斯图·罗宾逊（Stu Robinson）的故事。斯图的工作需要处理来自不同地区的许多报告，正如莱珀特所说："斯图一向非常客观，值得信赖。他不光是善于分析，而且还相当客观。他似乎天生就能分清事情的本质所在，比如哪两、三个要素最为关键，什么东西是最重要的，哪些东西影响了大家的判断力。"[4]

有一次，在一个项目的执行中接二连三地出现了一些危急的情况，如果处理不当，会引起长期后果。莱珀特说："这时斯图介入了，他花了一个周末的时间把相关各方都召集到一起，重申了大家的共同目标。他有力地引导来自各方面的相关人员，包括开发商、小区业主、承包商、分包商进行了一个协商的过程，从而解决了存在的冲突。我看到特纳公司上至总经理下至普通员工都在纷纷效仿斯图的做法。每当他们遇到矛盾时，就会想：'换了斯图会怎么做呢？'"[5]

现已退休的《纽约时报》（New York Times）原首席执行官拉斯·刘易斯（Russ Lewis）在谈到他希望最终被同事和员工如何记住时，向我们描述了他对真理追求者这一角色的本质的看法："我希望能听到大家说：'如果我必须要相信一个有判断力的人，那么我希望这个人是拉斯。他一向做事公正,所做的决策从来不受政治因素的干扰。'我还希望听到大家说:'他可是个好人,每当我们需要有人站出来说句公道话,或者做一个不受欢迎的决策时,他从不会逃避。'如果说我曾对与我共事的人们产生了一些重要影响的话,那么我希望我那些好的影响能发扬下去。"[6]

(有趣的是,当我们让刘易斯的几位同事来评价他给《纽约时报》留下的领导力财富,以及他的工作方法对他们产生了怎样的影响时,他们的评价与刘易斯的自我评价完全一致。这个结果令人欣慰。)

真理追求者鼓励员工们要有竞争精神,同时他也给员工足够的自由和权力,这样一来,员工反而不太可能出现那些消极反抗或是公开敌对的举动。

如果你认为你天生具备真理追求者的潜质,你不妨问问自己:我是一个有强烈正义感的人吗?我对弱势人群抱有极大的同情吗?(我会将情感落实到行动吗?)我习惯于使用一些重要的象征性姿势吗?我善于找到问题或者是冲突的根源吗?除非我已找到问题或矛盾的根源,我不会对自己感到满意吗?我是否偶尔被人指责许多时候太过理性?

富有创造力的建设者

富有创造力的建设者通常都是些有远见卓识的企业家,他们是推动事情最初发生的人(这也是他们莫大的快乐)。他们似乎本能地看到开发新产品和建立新公司的先机,能够进行准确的市场定位,总会拥有一些新想法,并将之付诸实践。虽然他们一直呆在某一个领导岗位上,但他们一般都是"连续创业者"(serial entrepreneurs)。

富有创造力的建设者深知建设并不是发明创造,而是把发明创造的结果应用于实际的过程。建设者们因为总在酝酿新的想法而充满了活力,不但如此,他们还有足够的耐力看到这些想法最终开花结果。问题的关键不只在于拥有想法,建设者不是这样的人:"嘿,迈克!你有什么

第三章

最新的计划？"确切地说，建设者更在乎如何把新想法付诸实施的过程。从这个意义上来说，房地产开发者就是富有创造力的建设者，每当一个新工程开始施工或是一幢大楼竣工落成的时候，他们就觉得这是对他们最大的回报。

有时，建设者在一个管理位置上呆太久也会出问题。创业者给我们留下负面领导力财富的例子不胜枚举，这是因为他们在创建公司之后，长期纠缠于日常事务不得脱身，无暇顾及企业更重要的建设性工作。建设者只有牢记新项目才是真正满足他们需要的东西时，他们才能够成功地在一个管理位置上长久地呆下去。

罗布·考兹努克（Rob Cosinuke），总部设在波士顿的一家行销服务机构——美国数字行销公司（Digitas）的高级主管（也是前任总裁），就是一个典型的例子。罗布明白建设性的工作才能给予他最大的满足："我想在我身上可以看到几种角色的成分，而我最大的愿望是要成为一名经验丰富的指导者。但如果你去问别人（或者我扪心自问），答案肯定是我是一个不折不扣的建设者。现在我手头有十个项目在同时进行，我总是同时负责十几个项目，无论是在进行中的还是在策划中的。总有人主动要求合作，我不得不暂时搁置其中的一些，目前我还在筹建一个校友会。同时做这么多事情就像打了一剂抗抑郁药，总是令我精力充沛，不知疲倦地奔忙于新事物的构想与创建的过程之中。"[7]

下面这个公式可以测试你是否符合建设者这一角色的真正内含：

对最终结果的信任力 + 对过程的忍耐力 = 富有创造力的建设者

经验丰富的指导者

看到"经验丰富的指导者"这个词，人们脑海中马上会浮现出一幅饱经风霜、充满人生经验的老者形象。这么想也没错，但经验丰富的指导者不见得都是上了年纪的人，甚至也不一定都有丰富的人生阅历，但他们必须善于聆听别人的心声,懂得如何设身处地为别人着想。他们都有一套帮助别人自行思考问题和解决问题的好办法,他们是天生的心理治疗师。他们也好像是汩汩不断的信息源泉,你从那里总可以得到各样话题的相关信息。他们知识非常渊博,常常能博引旁征、引经据典。

虽然经验丰富的指导者不一定是调解者,但他们却发现他们经常处于矛盾双方中间人的位置。当公司会议陷入僵局和矛盾中时,会后人们也常常会聚在经验丰富的指导者那里召开一些私下的"小会",商量解决问题的办法。

还记得那位老家庭律师的故事吗?这个人虽然不是家庭的成员,但了解(并保守)这个家庭的所有秘密,家庭成员们遇到事情也都来征询他的意见。这个富有经验的指导者的角色天生就属于牧师、家庭律师,或者其他值得信赖的顾问这些人。

哈佛商学院的荣誉退休教授莱纳托·塔格利早就说过,经验丰富的指导者通常是那些位处公司最高层之下那一级管理位置上的人。帮助别人解决日常工作生活中的难题,树立人们的大局观念,是他们人生的最大满足。他们是些非常有同情心的人。

深刻理解你的自然角色有哪些好处

一旦明确了你的禀赋最适合扮演哪种角色,你就要寻找一些客观的证据对结论加以验证。先列一个表,看看你认定的角色通过哪些行为方式在实际工作中能够自我证明。这些行为是否出自你的天性?如果是,那很好;如果不是,你就要问问为什么。是什么因素阻碍了你去扮演你想要扮演的角色?很可能你的选择有点偏离了方向,如果没有市场需求,很可能你想要扮演的角色与你的实际能力并不相符。果真如此,你有必要重新审视所确定的那些角色范围,看看是不是你的职业抱负使得

第三章

你不能对自身的优缺点做出客观的评价。

对你的自然角色越是有清醒的了解,你就越清楚你当前所处的职位是否与你的天性相吻合,从而确定你是否能在较长一段时期内对自己的工作感到满意。让我们来看一个高层主管的例子,我们叫他保罗(Paul)。2004年,一家国民经纪业务公司邀请他担任总裁职务,保罗对这份工作很满意,欣然接受了。但许多同事都认为他更适合做一名优秀的经纪人,那样他会做得更开心(此前他一直都在做经纪人),因为彼得林奇法则(Peter-Principle)并不适用于他。保罗的总裁工作做得还不错,但他的许多同事和下属都清楚地感觉到,他内心一直都在斗争,一直犹豫是否继续在总裁位置上呆下去。

当你处在领导者的位置时,你的自然角色能否体现受制于多方面因素的影响,比如领导职位的一些日常要求,环境因素的影响等。像假期销售、公司合并、重要的新产品的推出等,都会在短时期内骤然加大你的工作量。所有这一切——你不得不做的事情和你愿意做的事情,共同构成你日常工作的内容。由于日常领导工作牵扯了他们太多的精力,领导者有时甚至模糊了他们内心真正的追求。所以说,每天都挤出一些时间来进行反思,才能使你的工作获得最大回报。

我们合作过的一位首席执行官名叫马修(Matthew)。马修的工作计划总是安排得满满的,根本没有时间去做他喜欢的工作反思、向公司的年轻人提供指导这样一些工作。马修所担任的日常职务,使得他成为组织中和市场成长中的建设者,而马修本人想成为一名员工推动者的想法,现实情况却不允许。

马修明白自己眼光高远,善于进行长期战略的构想;他也知道他擅长激励和教导年轻的管理者。但他们并不晓得他的时间有多宝贵。在他难得空闲的时刻,他会与大家会个面,回答一些他们要求指导的问题,说一些打气儿的话,但马修明白他无法将这些事情列入他那满得不能再满的日程表。一般情况下，他一周六天的工作时间里要包括：去一趟加利福尼亚，去一趟纽约，还要在德国呆上 48 小时。

是不是马修在工作中向下级授权不够？有可能。但更可能的情况是，他缺乏最优化的高层管理团队组织结构。举例来说，虽然他们公司在过去三十年里取得了长足的发展，但却一直没有设首席运营官这一职位，这的确应该引起我们的重视。(最近有多家媒体突出报道了许多大型集团公司缺乏首席运营官一职的问题，看来这并非一家公司的独有现象。[8])

尽管存在这样的组织环境，然而，最近马修却努力将作为一名导师和高瞻远瞩者的意愿更多地融合进了他的工作。在本书即将出版的时候，他的公司正在准备为内部中层管理者开设第二期领导培训课程，由高层管理者负责组织和讲授。现在他已经把每年两次，每次为期三天的培训课程正式列入他的日程表，目的是给那些在领导力方面崭露头角的管理者一些能与他当面交流的机会，这样的机会一向是他们热切盼望的（同样，马修也正好趁此机会好好过一下当顾问的瘾，这对他也是难得的机会）。

马修清楚地知道他必须想办法解决高层管理团队的人员结构问题。同时，他也找到了一些合适的方法，既可以使他在短期内工作得更开心，又可以为他想要留下的长期领导力财富打下良好的基础。

你对自己的自然角色了解得越多，从中受益也就越多，马修的例子就是一个证明。不仅如此，他还尝试了解别人的自然角色。同样地，他对别人的自然角色了解得越多，他就越有可能以一种更加温和的方式提出意见和建议，他也就越有可能使他的高层管理团队的工作趋于标准化运作。在了解了团队主要需要扮演什么样的角色之后，马修目前正在物色具备这方面特质的人选，以便增强团队的凝聚力，提高团队工作的效率。

第三章

我们的一位同事提起她在公司中扮演的自然角色时,说:"从某种意义上来说,要想在工作中确定一个自然角色,并能够集中精力扮好这个角色,实在是一件奢侈的事情。作为家长,你不能对孩子说:'对不起,宝贝,我主要负责养育你的工作,你得另想办法去克服你的青春期焦虑症。'你必须得尝试着去帮助他。但在工作中,如果你发现有什么问题影响了你的工作,而你却不擅长解决,你可以避开它。事实上,如果你能够将一些能力与你互补的成员吸纳到你的组织中来,你会从中受益匪浅。"

你所继承的领导力财富

在进入下一章,也是本书最核心的一章"写一份财富声明"之前,让我们进行本章的最后一个步骤:从另外一个角度探究"影响力"这一概念,也即其他领导者的行为对你所产生的影响力。

让我们来看一个例子。威廉·舒尔茨(William F. Schulz)曾在1985—1996年间担任"一神论信普救说者协会"(Unitarian Universalist Association)的领导。在这个例子中,他回忆了他的前领导对他产生的重要影响。舒尔茨退休前是美国"大赦国际"(Amnesty International USA)的执行董事。

我的前几任领导给我留下了极为宝贵的领导力财富,这些财富为我后来的领导风格奠定了坚实的基础。比如,美国"唯一神教派"(Unitarian Church)与"普救论教派"(The Universalist Church)合并后的第一任领导,就为领导职位的责权范围设置了一系列标准。他扮演了建设者和创造者的角色,他的个人倾向集中在观念层面。是他使得教会领导这一职位的工作更多地为人所知,也从某种程度上增加了这一职位的严肃性。我开始接任教会领导者职务,是在他卸任后的大约第二十个年头,尽管时隔二十年,他的领导风格和工作方式依然清晰可见。他早就认识到领导工作需要有远见卓识,而不是被动的。他给我们树立了一个硬朗的教会领导者形象。自从他1969年卸任后,大家对教会领导者职位严肃性的认识有所减弱,但当我于1985年上任时,我还是能够强烈地感受到这种严肃性的存在。我要重新恢复这一组织在国际社会中严肃尽责的形象。我从他那里继承的宝贵财富,就是渐渐理解了我所处职位的重要意义所在。[9]

你从别人那里继承了哪些财富?这些财富对你的领导风格产生了哪些影响?你上司的自然角色是什么?他们给你留下的财富源于他们的自然角色吗?抑或源于他们的自然角色与他们的实际行为之间的断裂?

进一步看,你认为他们留下的领导力财富形成了一幅清晰的马赛克图像吗?或者由于他们的财富的支离破碎,这些图片也显得模糊不清?

在第四章,我们对财富思考方法的运用将由一个调查研究的过程转向反思你的抱负的过程。你将明确你意欲留下什么样的领导力财富,这些财富与你目前正在创造的财富是否一致。

第四章 你意欲留下的财富

写一份领导力财富声明

> 你要如何度过你那狂放而宝贵的一生？
> ——玛丽·奥利弗（Mary Oliver），普利策诗歌奖（Pulitzer Prize）和全国图书奖（National Book Award）获得者

在你对自己正在建立的领导力财富类型以及你的自然角色有了一定程度的认识和评价之后，接下来你就要撰写一份正式的领导力财富声明。如果你决心建立自己的领导力财富，撰写这份声明至关重要，通过领导力财富声明，你可以把你希望在工作中对他人产生何种类型的影响加以说明。这些标准的制定也将使得领导力财富思考这一概念更加明确和具体。

撰写财富声明并不只是描述那些你甚为得意的行动和标志性的成就，相反，你应该把重点放在你管理和领导团队所运用的行为、价值观和方法上。假如你能看到你们公司十年，甚至是五十年后的辉煌，你希望你的领导力财富的哪些方面一直对公司发挥影响？

领导力财富声明并非让你罗列你认为自己将为后人留下哪些领导力财富，而是让你描述你的抱负和发展的方向。你需要就此回答一系列

第四章

简短的问题,在给出答案时要深思熟虑,要非常务实,最重要的是要对未来充满希望。

维沃克·保罗(Vivek Paul)是维普罗技术公司(Wipro Technologies)的总裁兼首席执行官,他在《财富》(Fortune)杂志中讲述了一个故事:"我平生得到的一个最大启示来自于印度班加罗尔地区(Bangalore)热带丛林中的一位训象师。有一次我去那里旅行,当我徒步穿过这片丛林时,看到一些体形硕大的大象被拴在矮小的木桩上,于是就问训象师:'为什么这么矮小的木桩可以拴住这么大的大象?你是怎么做到的?'他说:'大象小的时候,也会努力想要挣脱这些木桩,但他们失败了。等他们长大以后,就再也不去做这种尝试了。'这个故事告诉我们:如果你认为你完全有能力实现既定的目标,就一定要全力以赴,不要让曾经的经历束缚住你的手脚。"[1]

同样的道理也适用于领导力财富声明。

撰写你的领导力财富声明需要比第二章中的多元观点法更为深入的思考。多元观点法可以使你快速给自己定位,而撰写领导力财富声明则需要你至少拿出一个小时或者更长的时间,而且这段时间应该是安安静静、不受任何外界干扰的。(有几个写过领导力财富声明的人把这一过程看作是一次完美的乘飞机旅行的过程。)有趣的是,领导力财富声明的内容比起你所准备的多元观点法的材料来,还要稍短一些。现在让我们来分步骤进行。

第一步:反思

第一步是花几分钟的时间来反思一下到目前为止你所走过的职业道路,粗线条地回顾过去、展望未来,然后进行深刻的内省。

回想一下你当年找的第一份和第二份工作,不是说你从大学或商学院毕业之后所找到的第一份和第二份工作,而是指你十几岁时或者暑期打工时所找的头两份工作。从领导者的角度出发,你如何看待你的那两份工作?担任高层领导职务之后,你觉得你看问题的视角有什么变化?你从你最初的老板身上看到了哪些领导力财富?那些财富对你产生了什么影响?另外,哪些感官上的记忆,包括声音、颜色和气息,至今仍让你记忆犹新?对于你曾经的工作环境和工作氛围,你总的感受是什么?有没有留下持久的印象?

把这些想法记下来。(不要太在乎格式,随手记下就可以了。)

然后再回想一下你大学或者研究生毕业之后找的头几份工作,问你自己同样的问题。不必追求完整的记忆,有一些印象就可以。回想一下你对一些事情的感觉,一些个人体验或谈话的感受,也回忆一下别人的经历,甚至可以回忆一下当时的颜色、声音和气息。用意识流(stream-of-consciousness)式的方法记录下你的印象就很好。理想的结果是可以从中凸现出那些曾经塑造了、并且仍然在塑造着你的工作方法的主要特质和价值观。

一位五十岁左右的管理者名叫弗兰克(Frank),我们曾与他有过一次交谈。当弗兰克回忆他在纽约一家最大银行的机构投资部门(institutional investment division)工作时,感觉到那里的一切似乎都是灰色的。"银行的墙壁是灰色的,地毯也是灰色的,"他说。

> 坦白讲,是对于那些灰色的深刻记忆,引领我的思维开始对那个地方的工作氛围进行反思。在那里,大家彼此之间没有太多交流……人们很少谈工作之外的事情。值得称赞的是,单位里的人际关系很简单,没有什么勾心斗角的事情,大家只需要把自己的工作做好就行,彼此之间不存在什么矛盾。虽然这样的工作氛围很舒服,但它不利于培养人的创造性思维……后

第四章

来，有两个人离开了，他们合伙开了一家早期风险投资公司，没过多久就挣了上千万美元。

在那里人们都是按点上下班。你看看表已经是下午三点了，再有20分钟你就可以正式下班回家，现在是三点十分……当我决意要辞职时，我在一张纸条上写下一句话："记住这种痛！"然后在下面写上了日期……大家都认为我辞去这样一个既有前途又稳定的工作很愚蠢……当时我的工资是两万美元，比我父亲的工资还高，但我认为我当初就不该接受这份工作。这个纸条对于我是一个警示，它时时提醒我：无论结局如何，如果只是为了钱、为了稳定而工作都是不值得的。多年来，我一直把这个小纸条随身携带着，它一刻也没有和我分开过。

我之所以一直努力创造一个能激励每一位员工发奋工作的公司氛围，在很大程度上是因为我曾在到处是灰色的环境中工作过的经历。此前，我从来没有刻意思考过我的工作方法和我在那家银行工作的经历有什么内在联系，直到我开始探讨作为领导力工具的财富思考这一概念时，才恍然大悟。从那以后，我就一直下意识地提醒自己，不能让以前的工作环境出现在我现在的公司里。

接下来让我们看一个小公司的老板兼总裁的例子。他所进行的回忆，也成为他撰写领导力财富声明之前的一种准备。当他反思早年的工作时，以下记忆的片断闪现在他的脑海中，于是他把这些记忆片断快速记录了下来。他是这样向我们描述的：

那是我作为实习生第一天上班时的情景。分派给我的是一个比较低的职位，但是大家告诉我这是事业发展道路上的必经阶段，只要好好表现，升迁的机会还是值得期待的。有一天早晨大概十点钟左右,我来到走廊尽头的那个小厨房,看看有没有给员工准备的咖啡。果然,那儿有一台咖啡机,碰巧有一个职位稍高的人也在那儿喝咖啡,于是我问他冰箱里的牛奶是不是每个员工都可以用。我清楚地记得当时的情形:他先是摇了摇头,然后又说大家轮流买牛奶。我告诉他我也想买,并且询问是否可以买下一罐奶。他说:"没有什么不行的,但我们最好去问问其他人,免得有人不高兴。你最好现在先别喝,让我们一起去问问别人的意见吧!"紧接着,他还压低声音向我透露了一个秘密,告诉我在走廊的另外一侧有更好的咖啡,就放在高层主管办公套房外面的那个地方。他还告诉我,那儿的咖啡,不经过允许不能随便喝。

我当时觉得这个人说得太奇怪了,我不明白为什么大家会把时间和精力浪费在这些与工作毫不相干的琐碎小事上。那时我并没有意识到他和我谈论牛奶的事儿无形中向我传递了一种公司文化。

现在回想起来,他当时的反应,以及这整个事件,正好可以帮助我分辨清楚哪些是我在工作中所要努力避免的公司文化,哪些是我应该努力创造的公司文化。后来的事实证明,我的职位并不是一个能够快速升迁的机会,我和大部分与我同一层级的员工都在几年内纷纷辞职了,有的走得更早。这家公司留给我们的感觉是,总像在说:"你们还不够资格成为我们中的一员,还不够资格,远远不够!"(但当员工纷纷辞职时)则变成:"哦,天哪!你们怎么能够辞职呢?一直以来你们的表现都很不错!有朝一日,你们一定会走到顶层管理者的队伍中来!"

这家公司的文化是:如果你试图询问一些问题,你就是不明智的;你对任何事情都无权作出决定,哪怕是再小的事情。

第四章

　　这一点从那个无法告诉我能否把牛奶放进我咖啡里的人所说的话中体现得淋漓尽致。这一点在公司会议上也常有体现，那些处在"事业发展初级阶段"的员工，被认为开会时最好保持沉默……我们部门有每周开例会的习惯，但每次会后还要再召开一个关门会议，将例会上已经讨论过的话题再分析一遍，似乎只有这样有些人才觉得舒服。

　　通过对这整件事情的深刻反思，我发现"牛奶"这个词现在对于我已成为某种暗示，我要尽量保证在我的公司里没有人感觉到这种威胁，我要让每一位员工知道公司永远欢迎他们所做的任何贡献。我知道有时候也许员工的看法会有一些天真，也许他们缺乏高层领导所具备的经验，但同时我也知道，如果你一直躲在背后不敢做任何事情，你就永远不会有高层领导者所具备的经验。

　　那位拿不准我是否可以往咖啡里放牛奶的人，还在我上班第一周的某一天告诉我"不要相信任何人"。这句话很长时间以来一直在我耳边回荡。简单的一句话却道出了整个公司的哲学。可能有人会想，或许是那个员工个人的问题，但事实并非如此，他的工作效率一向很高，而且富有创造力，思想深刻，总之是个相当不错的人，虽然看似有些偏执……但他其实并非如此。那样的工作环境对他所造成的影响同对其他员工是一样的，除非他们尽快离开。

　　几乎每一个经历工作生涯的人都会有一些这样的故事，或者留下一些类似的记忆，除非你只有16岁，才刚刚有了第一份工作。只有对这些经历进行深刻反思，并推想一下这些经历对我们所造成的长期影响，我们才能从中得到最大的收获。

第二步：确定主题

接下来你要把反思中那些无关紧要的部分删掉，并对剩下的内容按照重要程度重新排序。具体做法是，从头到尾仔细审阅你记下的内容，从中选出几个至今对于你仍然适用的主题。

你可以按照以下三个标题对你的思路进行分类：

> 特质(你是谁)。把你的经历和感想写下来之后，你觉得你是谁？你早期的工作经历或多或少对你的现在起了一定的作用吗？哪些经历使你变得更加果断了？更加有说服力了？更加敏感了？更加自信了？或更加不自信了？

> 价值观(你最尊崇什么)。你最重视哪些价值？忠诚？值得信任？公正？勤奋？你希望在你的同事或直接下属身上看到哪些价值？你鼓励他们培养哪些价值？

> 表现形式(如何体现在工作中)。你的特质和价值观如何在日常工作中得以体现？在刚刚过去的一周中是如何体现的？在过去的一年中呢？如果整个世界是一份报纸，你写给编辑的是怎样的一封信？

我们认识的一位拉比做出了一个决定："你瞧，我一直在说以色列有多么好，我真的应该去那里。"随后他辞去了在美国的工作，去以色列开了一家书店。虽说你的特质和价值观的表现形式不见得要这么极端，但至少这些表现形式对你应该有一些重要的意义，应该体现你已经形成或正在形成的领导力财富的主干。

在进行这个步骤的列表和分类时，请你回顾一下在第三章中所做的一些自我发现，看看这里所确定的主题与你对于自己天然角色的理解是

第四章

否一致。如果不一致,为什么?(你对自己的天然倾向和抱负的评价是否诚实?是否仅仅做了一个姿态?你为什么要那样做?)

以下几点提示或许可以帮助你理清思路:

抱负。是什么使你有了这样的抱负?你了解你的动机吗?它体现在你所选择的事业中了吗?

目标。看一看你已经选择或者正在追求的角色。它们与你的抱负相匹配吗?还是如剧作家克劳迪娅·希尔(Claudia Shear)所写的"被人生吹得东倒西歪,随波逐流"?

经验数据。你的时间花费在哪里?怎么花的?与你的抱负一致吗?

结果。是谁在不停地给你打电话?他们为什么偏偏找你?什么样的结果令你感到满意?

第三步:动笔写财富声明

既然你已经掌握了足够多的信息,并且已经对这些信息进行了合理排序,那么接下来就该动笔写财富声明了。你可以使用表4-1中的问题作为你写作声明的向导。这样做是为了进一步坚定你的想法,并且使你对于意欲留下的领导力财富的表述,尽可能地详尽和具体。

记住,撰写财富声明既不是让你写一份"任务清单"(to-do list),也不是让你写一个退休后供大家评价的报告模板,而是让你为自己设定一些标准,希望你能严肃对待。你的财富声明的内容不应该平铺直叙,而应该有所启发,能引起大家的共鸣。你写下的抱负一定是可以实现的,不要逾越你的个人能力。换句话说,要给你意欲留下的领导力财富留有余地,并要尽量合情合理。

你一定希望你的领导力财富在某个领域发挥作用,而撰写财富声明的过程就是进行领域选择,并使之形成的过程。很早以前,约翰·科特曾对领导职责进行了界定:设定愿景、引领方向、整合员工和形成激励。这些领导职责非常重要,若要实现它们,你必须做一些长期投资。问问自己到底是这些职责中的哪些方面驱使你奔忙于每天的工作,它们对于你意味着什么?如前所述,你所处的职位和你所扮演的角色性质殊异:或许你的职务是首席财务官,但你扮演的却是倡导者的角色;或许你是直线部门经理,但你的角色和财富却是一个激励者或者经验丰富的指导者;你意欲留下的领导力财富或许影响一个组织,也可能对其他若干组织造成影响;你的领导力财富有可能关注客户关系,也有可能关注员工发展。

下面让我们以一些专业服务公司中存在的不同的领导力财富为例。比如,一家咨询公司的某一位合伙人也许一直热衷于咨询顾问的培养工作;而另外一位合伙人感兴趣的可能则是客户方面的工作。两个领域的工作都可以为留下有意义的领导力财富提供良好的基础,但两个领域都没有反映他们所处职位本应扮演的角色。

表4-1 领导力财富声明:超越具体行为

领导力财富声明不只是描述那些让你感到骄傲的行为和标志性的成就,如果是那样,财富声明就成了讣告之类的东西了。相反,领导力财富声明的内容应该主要集中于那些你最想让别人记住的特质和价值观上。

撰写一份领导力财富声明包括以下几个步骤:
1. 反思
2. 从反思中确定主题
3. 动笔撰写财富声明
4. 收集反馈意见
5. 进行修改
6. 偶尔回顾并及时更新

第四章

问题：
1. 作为领导者，你希望公司内外的人们怎样记住你？记住你目前的角色以及你整个职业生涯的哪些方面？你最希望大家记住你哪两、三方面的个人特征（或技能、行为、价值观，选出最适合你的词）？你希望这些个人特征如何体现出来？也许你可以简单描述一下将来的情形，将来有人会如何记起你来？
2. 到目前为止，你最想把你从你的角色、工作以及生活中学到的哪些东西传承下去？
3. 你如何将学到的东西传承下去？
4. 还有哪些抱负尚待实现？为什么它们对于你建立和完善领导力财富如此重要？
5. 除了需要更多时间，还有哪些因素可以帮助你，或者阻碍你完成未竟的目标？

美国阿利斯康公司（Astra-Zeneca）的销售主管汤姆·瓦莱里奥（Tom Valerio）就是一个典型例子。瓦莱里奥只有四十几岁，但他曾在多个行业担任过高层管理职务，其中包括高科技行业、保险行业、再保险行业、保健行业等，目前他在制药行业任职。在他从事的所有行业中，无论担任什么职务，他总是能帮助公司解决许多难题，帮助公司制定一些评价成功和监测成功的标准。他所有的上司，几乎无一例外地对他给公司带来的变化持赞赏态度，而他本人也非常清楚该如何把公司的远景目标和发展战略变成现实。他工作过的公司，大都曾有过深陷剧烈变革泥潭的经历，而每当他成功地稳定了局势并为公司制定出一系列标准，从而使公司呈现出平稳、有序的发展态势之后，他就觉得他没有必要在那里呆下去了，因为该做的他已经完成了。

从本质上说，瓦莱里奥属于真理追求者，他的领导力财富并不局限于造福一家公司，而是更多关注于提高公司绩效、完善绩效标准，以及帮助别人了解这一套方法的实施上。所以他的领导力财富声明，应更多地集中于对专门知识的关注，而不仅仅是对某一个公司的影响上。

模板中的问题回答形式并不意味着你撰写领导力财富声明也必须采取这种文章格式，了解这一点非常重要。当然，如果你愿意，你可以使用这种写文章的形式,但也可以采用画图、列表等形式,无论哪种形式,最终目的只有一个,就是使包括你在内的所有人一看到你写的领导力财富声明马上就能明白是什么意思——尽管你只是画了一系列方块代表通向成功的阶梯;尽管你只是画了四个圆环,每个圆环代表不同的含义。

我们发现圆环模式使用效果很好。如表4-2所示,你可以把你的世界观和价值观放在最中间的圆环内,然后从内向外依次是你选择的解决问题的办法、你用来激励和领导员工的方法,最外层的圆环则要概括那些与其他圆环的内容有关的最重要的日常行为。

有些人喜欢用文字表达思想,有些人喜欢用幻灯片,有些人喜欢表格,另外还有的人选择更为流畅的方式来表达他们的所思所想,完全不受任何图表和方案的限制。至于选用哪种方式,完全由你自己来决定,没有必要强求一致。

图4-2 向外扩展的圆环

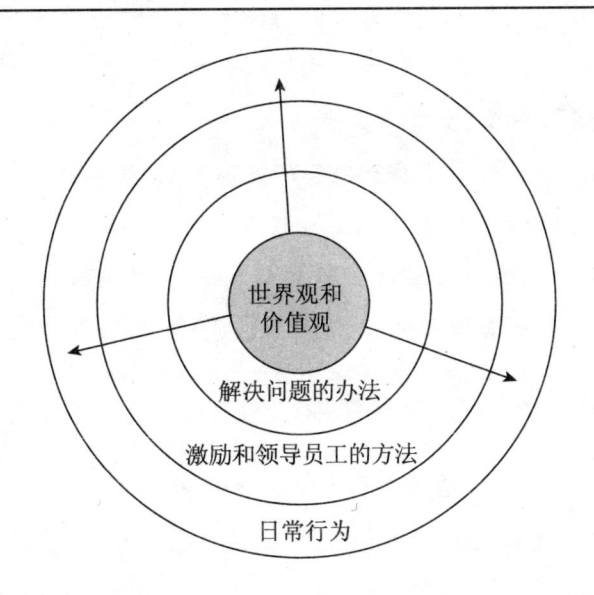

第四章

以下是三个领导力财富声明的案例。第一个出自一家知名设计公司的合伙人史蒂夫·伦诺克斯（Steve Lenox）；第二个出自一家银行的高级主管泰芮·凯布尔（Terri Cable）；第三个的作者是一家知名建筑公司的老板卡萝尔·韦奇（Carole Wedge）。之所以选择这三份财富声明作为案例，是为了让大家更清楚地了解领导力财富声明并不是千篇一律的，无论在形式上还是在功能上，都可以有所不同。这三份财富声明，有的比较注重前瞻性，有的则更注重反思性。我们衷心地感谢作者的慷慨和大度，感谢他们愿意把内心的想法拿出来与大家一起分享。

在你仔细阅读每一份领导力财富声明之前，最好先看看以下内容，它会对你有所帮助：

> 每一份领导力财富声明都体现出他们每个人的特质了吗？从每个财富声明中，你能知道他或她是谁吗？

> 作者是如何表达自己的？他们使用单个的词汇？短语？还是讲故事的形式？这种表达风格带给你哪些启发？对于你表述自己的领导力财富，会有什么影响？

> 他们在字里行间想要表现如何被别人记住的倾向与如何去影响他人的倾向之间是否存在矛盾？当他们的写作风格有些被动时，他们又是如何重新回到表现他们对别人的观点或行为造成的影响上面来的？

个案研究：史蒂夫·伦诺克斯

史蒂夫·伦诺克斯是莱翁丝·查伦巴（Lyons-Zaremba）设计公司的一位合作伙伴，该公司主要为博物馆业提供设计和建筑服务，其中很大一部分业务是负责水族馆的设计工作。

作为领导者，你希望公司内外的人，以及将来和你一起共事的人，如何记住你？

特质。 我希望大家记住我是一个集远见卓识、专业技术以及很强的个人技能等优秀品质于一身的人，这些优秀品质不但可以帮助我成功地率领团队，促进员工成长，而且还有助于我们建造出一些流芳百世的公共工程（我们的工作是设计建造博物馆）；通常情况下，我们要用4—6年的时间才能完成一个项目，而在此期间我们需要和各个方面的相关人士打交道（包括客户、设计人员、专家、承包商），因此我希望大家记住我是一个能够妥善处理并协调大家之间相互关系的领导者；我希望大家记住我是一个知道什么时候自己亲自监督，什么时候放手让别人去做的领导者；我希望大家记住我是一个可以从工作中找到无穷乐趣的人，尤其是在做一些复杂的、要求比较高的项目时更是如此。

价值观。 我希望大家记住我是一个和蔼、慷慨的人，付出的多，索取的少；我希望大家记住我是一个良师益友、一个人道主义者；我希望大家记住我是一个丰富了大家生活的人；我希望大家记住我是一个不谋私利的忘我的人。

表现形式。 我的工作赋予了我建造水族馆、动物园、自然中心、探索中心，以及各种类型的博物馆的权利。我一生的工作，大部分体现在这些有形的、实实在在的建筑物上，这是我的领导力财富的一部分。除此之外，促进公司年轻员工的发展是我的工作的另外一个表现形式。其中尤为重要的一点，也是超出了我们公司一己利益的财富是，我乐见许多有才华、有爱心的员工成长起来，出去开创他们自己的事业，不管将来他们在哪里工作，都能创造出新的财富。虽然就目前来说，公司的形象（财富）很重要，新业务的发展很关键，但对我个人而言，最重要的事情莫过于亲眼看到别人创造出他们自己的财富，形成他们独特的价值观。

第四章

你最想把你工作(和生活)中学到的哪些东西传承下去？是你的经验教训，你应对挑战的方式，你的人生观，还是其他什么？

从商业的角度来说，我知道(尤其是在过去的十年里)公司的财富难以把握。那些有着十年、二十年、五十年，甚至上百年历史的大公司，面对市场变化、企业合并、公司收购，以及破产等变故也显得极为脆弱。不管个人的远景目标是什么，任何一家企业都有可能在将来的某一天灭亡。因此，我更关注那些可能产生持久影响力的东西，比如，那些与我共事的员工和我们共同实现的工作质量。

我从小就在一个有着很强职业道德的环境中长大。二战结束后不久，我出生在一个中产阶级家庭，虽然我们当时过着衣食无忧的小康生活，但我的父母很早就开始向我灌输工作的目的性和金钱观等思想，我父母全部生活的重心就是为我和两个哥哥提供最好的受教育条件。我父母成长于三十年代大萧条时期，也在二战中服过役。经历过那些痛苦的年代之后，他们一直都在力求为三个孩子提供过去想都不敢想的良好教育。虽然他们支持我们三个各自不同的发展道路，但在他们内心深处，还是把获取更多物质财富作为我们将来发展的最大目标。对于我来说，物质保证固然重要，但它从未成为我事业发展的最高目标或指导原则。这些年来我得出的一个结论是，你必须自己去辨别什么对于你是最重要的。人生幸福无法用收入多少来衡量，却可以通过个人目标的实现来获得，而这个个人目标对我来说，意味着对于我的员工和团队的信任，以及在这份信任中找到我自己。

我发现，尤其是在当今社会，有太多人想要控制别人的生活，尤其想控制那些受他们领导的人的生活，比如家长想要控制家人，老师想要控制学生，朋友想要控制朋友，或者老板想要控制员工。我深信一个优秀的领导者一定明白对于一个问题总会有多种解决办法,而且他也一定会对其他人提出的解决办法持一种开放的态度。很多人会说,如果你想把事情做得如你所愿的话,你最好亲力亲为;如果你是一名领导者,除了亲自去做之外,最好的办法就是让别人照你的要求去做。然而,这样做却不是培养创造性思维的好办法,虽然短期内会收到令人满意的效果,但从长远来看,它会抑制员工的成长和创造力的发展。

三十年前,当我还在艺术学校学习美术时,我就学会了如何成为自己的批评者。一名专业画家需要培养对自己的作品进行评价的技能,还要学会规划如何进行自我改进。了解自我是一个人成长和成熟过程中最关键的部分,无论对于家庭生活、工作、娱乐,都是如此。

如果你连自己都不了解,也不能安排好自己的生活,你又怎么能去了解别人、指导别人,甚至去领导别人呢!

当今社会,变化无处不在,已然成为我们经济生活以及日常生活的一部分。既然如此,我们为什么还要惧怕变化呢?我们这些在五、六十年代成长起来的人,每个人都早早被灌输了这样一套思想:到年龄去上学,接受职业培训,去公司上班,干45年以后幸福地退休。现在的情况与以往大不相同了,经济环境正变得越来越难以预料,我们必须学会应对千变万化的局面。我们可能将面临转行、跳槽、企业合并,甚至被裁员的风险;我们亲眼看见市场转变,技术突飞猛进,劳动力全球化以及利润逐步缩小这些事实。朝九晚五的工作尚且如此,我们的个人生活又何尝不在经历同样巨大的变化!相比过去,我们搬家的次数变得越来越频繁,离婚率越来越高,对于不道德行为,大家也开始见怪不怪,我们对自己以及对孩子的要求也变得越来越苛刻。难怪我们那么恐惧变化,变化确实是件让人痛苦的事儿!既然我们在工作中面临越来越复杂的变化,在考虑领导力财富问题时,我们有必要把这些变化作为创立财富的一种方式而加以考虑。

第四章

如何将你学到的东西传承下去?

我是一家为博物馆业提供专门服务的小型设计公司的合作伙伴。如何把我所学到的东西传承下去这个问题,我觉得受制于我们的预期,也即我们作为个人,我的公司作为实体会在多大程度上受到不断变化的力量的影响。我将要如何传承所学到的东西以及所创立的领导力财富这个问题,也会受个人生活理念的影响。比如我就会对自己说,我们只不过是一群过客,除了给人留下一些短暂的影响之外,什么都没有。就拿那些大名被刻入名人堂(Hall of Fame)的棒球明星来说,现今的年轻棒球运动员们,有几人知道谁是威利·梅斯(Willie Mays)?更别提杰基·罗宾逊(Jackie Robinson)、桑迪·科法克斯(Sandy Koufax)、斯坦·穆夏尔(Stan Musial)、泰德·威廉姆斯(Ted Williams)、泰·科布(Ty Cobb)、汉克·阿伦(Hank Aaron)这些人的名字了。然而这些明星们当年的确创造了职业生涯中一个又一个的辉煌,并为后人留下了宝贵的财富,只不过这些财富很快就人间蒸发了。

所以,我希望留下这样一种财富,它能对现在以及较近的将来发挥作用。除此之外,要说我们是谁或者我们做了什么有多重要,我觉得那有点像是自欺欺人了。对于有些人,这话听起来可能有些刺耳,但我却觉得很坦然,我可以去做一些目前看来是正确的事情,而不用背负"要永远正确"这个沉重的包袱了。这样就没有必要非得让大家记住你是谁,他们只记住了你是一种典范,不是具体的某一个人,而是对别人的生活产生过影响的一种人,这就够了。这才是我想要传递给年轻员工的想法,才是我想为设计行业员工发展提出的指导意见,同时也是我一直以来努力让我的孩子铭记在心的。拥有目标对于一个长远计划的制定自然是必不可少,但在实现过程中还要做些调整以便适应当时的情况,只有这样你才能在追求目标的过程中坚持不懈，保持高度的热情，也只有这样你才能在生活中找到乐趣，而不必在乎别人的评价。说得具体一些，我希望向那些榜样学习，并通过自己的努力找到对我来说行之有效的方法，但在这么做的时候，我也很明白一点，那就是我的方法也不过是众多方法中的一个而已。

还有什么抱负尚待实现？为什么它对建立或完善你的领导力财富如此重要？

也许是因为我的信念和价值观的缘故，我觉得在我的整个职业生涯中，一直都在建立我的领导力财富（虽然我无法判定这笔财富是大还是小）。所以我相信哪怕明天我就要离开这个世界，我也没有什么遗憾，因为我意欲留下的领导力财富已经实现。从这个角度来说，我确实希望公司能够日益壮大，我能够有机会接触更多的设计师，走在潮流的最前列，引领行业的发展方向。

我渴望和新人一起共事，彼此为对方的生活增添新的光彩，和他们一起工作能够激发我的工作热情，我同样也可以激发他们的工作干劲。我不认为建立领导力财富就像随意控制一个开关那么简单，相反，它是根植于我们内心深处的一套价值体系。是我们自己选择了我们要成为什么，无论这个选择是有意还是无意做出的。

除了需要更多时间，还有哪些因素可以帮助你或者阻碍你完成未竟的目标？

要实现这些目标，首先，我必须想办法避免在波士顿商业区我工作的地方同那些密密麻麻的车辆玩躲避球游戏，从火车站到我办公室那条

第四章

路的交通快要把我折磨疯了！其次，我必须努力提高公司的声誉，以便吸引那些有远见卓识的客户，带来高质量的项目。另外，我们必须强迫自己坚持创新，不断进步。除此之外，我还要努力促进员工自身的发展，从而增强公司的综合实力。最后，在这一过程当中，我还必须不断地对于走过的每一步路进行客观的评价，只有这样，才能保证我为自己、为公司(以及我的同伴们)建立的价值观，能够得到很好的体现。

完成领导力财富声明会对你每天所做的事，对于下周，甚至对于未来几个月产生什么样的影响？

说到底，领导力财富声明练习唤起了我们内心深处的一些基本价值，比如我是谁，我做了什么，我们该如何回馈(或者放弃回馈)我们所在的集体——无论是对于个人生活还是工作。作为拥有宗教信仰的社会中的一员，我们不排斥其他信仰，欢迎文化多样性，把社会性行动看作是集体生活中最重要的内容之一。在这种社会背景之下，把内省作为我们处理生活中所面临的严峻挑战的一个步骤，就显得十分正常。但是领导力财富声明不是挑战，而是机遇。挑战是人为造成的，而机遇则是建立领导力财富过程的一个天然部分。其实，创立领导力财富的过程有点像我过去对于乔治·华盛顿大桥(George Washington Bridge)的认识。我是在新泽西州长大的，需要穿过这座大桥才能到达纽约市。每次我穿过这座桥时似乎都看到有人在给桥身刷油漆，我当时想，要把这座桥刷完恐怕需要很长的时间，因为他们刷过一遍之后，又回头开始重新刷。建立领导力财富的过程与刷桥的过程有些相似，我们的领导力财富只是一个连续体的一部分，这个连续体先于我而存在、与我同在、在我之后继续存在，并且最终让位于那些更有价值的别人的领导力财富(事实原应如此)。

那么，我每天应该做些什么呢？这一周呢？下一年呢？我想我们也会像给桥身刷漆的工人那样做,而且我希望你也能那么做。当我老了,连刷子都拿不起来的时候,会有年轻人拿起我的刷子继续这个工作。我相信一定如此。这就是为什么我们要把领导力财富的创立放在首位的原因。

个案研究:泰芮·凯布尔

泰芮·凯布尔是总部设在俄亥俄州的一家拥有数十亿美元的银行控股公司 FirstMerit 集团公司的执行副总裁。

作为领导者,你希望公司内外的人,以及将来和你一起共事的人,如何记住你?

无论对结果、对人,还是对所做的事情,都能够专注、诚恳、尽心尽责。我周围的人会从我这里得到最好的东西。

对领导工作竭尽全力,既追求工作绩效,也勇于承担责任。我爱我周围的人,愿意与他们分享我的一切,我也希望他们能够承担起他们应该承担的责任。

无畏、乐观。我很享受自己从每天的工作中不断学习、成长、进步的过程。

无私。我由衷地希望看到我周围的人取得成功和进步,我也愿意不遗余力地帮助他们实现目标;我希望看到他们在迈向成功的过程中不断地努力奋斗,苦苦挣扎,跌倒后又爬起来。要知道什么时候应该"伸出援手",什么时候应该"袖手旁观",这一点确实很重要。

对家人和周围的人都诚实、正直、乐于奉献。我坚信:"整体大于各部分之和。"

就在身边。我希望大家觉得我一直都在他们身边,随时倾听大家的

第四章

心声,一直向他们学习。

你最想把工作(和生活)中学到的哪些东西传承下去?是你的经验教训,你应对挑战的方法,你的人生观,还是其他什么?

做一名富有成效的领导者不仅关乎你一个人,而且关乎你周围的所有人,比如你的家人、合作者、客户、利益相关者等。你也不能只有口号,你要身体力行地为之奋斗。

任何一个好的战略都需要好的执行力予以配合,而执行就离不开人的参与。

拿业绩来说话,这话说起来容易,做起来则相当难。

自负总是在作怪……把它留在家里,不要带到工作中来。(不要把自负和自信混为一谈。)

事实胜于雄辩。高标准,严要求,然后才能提高和超越。

一切以人为本:创造一个大家共同成长、共同发展的环境,在这个环境中,要允许人们犯错误,并让大家共同分享其中的经验教训。一定要记住:己所不欲,勿施于人。

爱你所做的一切,因为爱是可以相互传染的。

相信世上无难事,然后去努力实现你的梦想。

最后,了解你的优势,并且在每天的工作中发挥它的作用。

如何将你学到的东西传承下去?

我会在每天的工作和生活中充分体现它们。无论在工作中还是在个人生活中,每一次的会议、述职、甚至是短暂的会面之后,我都会做一个简单的总结:下次如何做得更好?如何更有效率?下次要不要换一种做法？无论是工作中还是生活上，我都善于沟通，乐于为人们提供指导意见。我希望通过实际行动把我学到的东西传授给别人，并希望我每天都能取得新的进步，以便与大家更好地分享。

还有那些抱负尚待实现？为什么它们对于建立和完善你的领导力财富如此重要？

还有许多方面尚需调整，正如我此前不止一次提到过的，主要是指我的行动。每当我感觉时间仓促，在最后期限内完成任务压力巨大时，我都会停下来问自己，我为什么会走到这一步？这时能够缓解紧张状况的，常常是那些真正重要的事情，而不是什么董事会报告或者预算会议。

虽然我希望别人学习我的领导力财富，但我更希望每个人的财富有所不同，这对于我创建财富非常重要。我希望在我周围营造一个环境，让大家看到如果采用这种方法，你们自己也可以取得成功。如果你只在乎自己的日程安排，不管是工作上的还是个人生活中的，都是非常短视的行为，一般情况下也难以为别人带来好处。不仅如此，这种行为还会损害公司的利益、团队的利益，破坏人们之间的关系。从我个人的经验看，只在乎自己的情况多半是自负在作祟，长期下去百害而无一利。明白这一点对我很重要。

除了需要更多的时间，还有哪些因素可以帮助你或者阻碍你完成未竟的目标？

我从不言败，从不放弃！这确实需要花费大量的时间，投入大量的精力，而我肩上的担子越重，就越是想尽一切办法提高工作效率。我并非刻意做一些事情来显得与众不同，但如果我做了，那就表明我觉得这

第四章

件事情确实与众不同!

完成领导力财富声明会对你每天所做的事,对于下周,甚至对于未来几个月产生什么样的影响?

它迫使我慎重思考我每天所做的一切,以及我为什么那样做;它使我知道我全部生命中的多少时间用在了工作上,以及合理地平衡我的时间和精力有多么重要。比如今天是星期天,本该休息,我却在工作。我希望这份领导力财富声明可以时刻提醒我如何合理分配用于我生活中各部分的时间。

个案研究:卡萝尔·韦奇

卡萝尔·韦奇是美国舍布理阿公司(Shepley Bulfinch Richardson and Abbott)的董事长。该公司建于1879年,是一家集建筑、规划和室内设计于一体的公司,主要业务包括为世界各地的用户提供教育、医疗和科学设施。

作为领导者,你希望公司内外的人,以及将来和你一起共事的人,如何记住你?

特质。真诚可靠、思维缜密、是个好听众、现实主义者、有创造力、有进取心、善于解决问题、公正、良师益友、正直、具有真正的影响力。最后,我认为我扮演了大使的角色。

价值观。人道主义者、思想开明、讲道德、正派、有崇高的境界、懂得享受生活、乐于交往。

表现形式。用一种公正、直接的方式推进变革;开放式决策,允许大家充分施展他们的才华,把工作做到最好;不让问题长久得不到解决;挑战原有的工作模式、思维方法和互动形式;提出一些好的问题,尝试构建有建设性的思想。

你最想把你工作(和生活)中学到的哪些东西传承下去?是你的经验教训,你应对挑战的方式,你的人生观,还是其他什么?

美好的生活是你自己创造出来的,尽情地享受生活吧。

一切皆有可能,做你自己。

权力是一个没有灵魂的空壳,而合作意味着同大家一道分享成功的喜悦。一切以人为本。

从别人的成功中找到回报是一件令人高兴,欢欣鼓舞的事情。

倾听自己的心声。如果你在做什么你不喜欢的事情,你的心一定会告诉你。

自由思考、浓厚兴趣和全身心投入与最终取得成功有着很大的关系。

提高自我然后帮助别人一起提高。

把所有这一切运用到团队建设和所做的工作上去。

我喜欢把我们的事业看作一堆篝火。如果你想把星星点点的火花变成熊熊燃烧的大火,你不能马上把大块木头放上去,你只能循序渐进,步步开展。我希望每一位员工都知道如何从点滴做起,使公司逐渐壮大,直至成功,使星星之火终呈燎原之势。

如何将你学到的东西传承下去?

将它渗透到每天的工作生活中。

第四章

　　寻找各种机会强化那些学到的东西，要有行动。如果有人问我："如果我们那么做了会怎样？"我的回答将是："我也不知道，让我们试试看。"

　　组建团队时，你要做到心中有数，小心谨慎，这样才能很好地承受来自不同意见所造成的压力。曾经有位同事和我说过这么一段话："你教我们在组建团队时要谨慎行事，教我们认真思考团队中需要哪些人、为什么，以及团队存在的复杂情况。如果不知道如何管理团队，培养团队的协作精神，即便你选择的成员再合适，也构不成一支优秀的团队。"

　　和大家一起交流他们的学习心得，分享知识和经验。在我任董事长后不久，就为公司组织了一次建筑设计攻关（指一个建筑计划）活动。我们把60个人组织在一起共同度过了一个周末。大家一起吃早饭、午饭和晚饭，饭后进行各种讨论。我们一起回顾公司的历史，分析公司的现状、展望公司未来的发展，探索如何开发我们的潜力。后来，一个高级合伙人找到我，说："这么多年以来，这是公司第一次举行大范围的有创意的活动。"他说他深受鼓舞。坦白地讲，我并没有做什么了不起的事情，只是做得有些与众不同罢了。我愿意为大家打开一扇门，一扇过去大家从未打开，也不敢打开的门。

还有什么目标尚待实现？为什么它对建立或者完善你的领导力财富如此重要？

　　取得具体的成果，亲眼见证目标的实现。
　　亲眼看到变化的发生。
　　亲眼看到下一代领导者继承我们的事业；帮助他们达到目标。

　　这些都很重要，因为我的影响力，尤其是对公司产生的影响力，似乎刚刚开始发挥作用。公司正处在一个转折点上。我也希望我的领导力财富声明更加充满勇气、更具创造性、更直言不讳，从而能够对相关的各个组织机构、团体和个人产生同样真实、强大、富有创造性的影响。

除了需要更多的时间,还有哪些因素可以帮助你或者阻碍你完成未竟的目标?

有利因素:

聚焦能力,即积蓄力量和克服惰性的能力,或者说是一种未雨绸缪的能力。

对于实现目标非常有帮助的是,让越来越多的公司员工同心同德,并肩作战,共同开创公司的远景目标。

沟通能力。

不利因素:

注意力分散,即那些相对不那么重要,或者离中心目标较远的事情总是牵扯我们太多的精力。

消极负面的批评。

经济状况恶劣!

完成领导力财富声明会对你每天所做的事,对于下周,甚至对于未来几个月产生什么样的影响?

可以使我保持高度的热情。

保持对目标的注意力。

不会被困难所吓倒。

需要花一些时间。

撰写领导力财富声明提醒了我生活是一个过程,它充满了变数;它也提醒我,只要树立雄心壮志,并且怀有庄严恭敬的态度,你的事业就有

第四章

了成功的基础。

着手撰写领导力财富声明

分享了别人的领导力财富声明之后,让我们来看一下我们该如何撰写自己的领导力财富声明。下面几点内容会对你大有裨益:

1. 撰写前的构思过程要比动笔写稍微困难一些,但真正动笔写的时间远比我们想象的要短。一般得先花上一点时间思考一下,你可能会觉得"这比我原本想象的要难!",但之后你着手写时则顺利多了。

2. 不要担心你的领导力财富声明是否听起来太理想化。通常情况下,人们会因为自己的领导力财富声明有些理想主义而感到难为情(无论是口头上还是书面上,他们都会有很多潜台词,比如"我希望大家不会觉得这个财富声明太理想化",或者"简直不敢想象我居然会这么说")。生活中的许多理想最终都可以变成现实。所以,大家从一开始就要怀有远大的志向。

3. 大家总是担心他们的措词是否准确,而事实上,他们根本就不需要有这方面的顾虑,因为这不是一个法律文件,没有人会把它拿到法庭上去检验。事实上,甚至你连站在公司讲台上向大家宣读你的领导力财富声明的机会都没有。

4. 领导力财富声明可以帮助大家更好地衡量他们在多大程度上认同自己所做的工作,而不是他们的职务,它更多涉及大家的具体工作,而不是谈他们的职务。

5. 如果你要在工作财富和非工作财富之间作区别的话,一定要当心!对于这两方面所期望的特质和价值观如果不完全一致,至少也应该是密切相关的;当然我们也希望看到它们各自具有不同的表现形式。

  6. 人们在写完领导力财富声明之后会感觉非常棒!他们会说领导力财富声明使他们的努力方向更加明确,或者说,对于他们做事情起到了促进作用;而且我们还会惊讶地发现,它有助于改善重要的人际关系。我们不是心理学家,对此没有太多的发言权,但对于通常会出现的这些显著效果,我们似乎也不必太过惊讶。

  撰写领导力财富声明时可能会遇到的问题之一是,你要直面自己的失败。有时,撰写领导力财富声明可以使人们清楚他们还有多少工作尚未完成。一个有助于大家克服这一困难的方法是,好好思考一下你自己的工作会为别人领导力财富的培养播下什么样的种子。事实上,几乎我们所看过的每一个财富声明都以某种形式体现了这样一种思想,即领导者如何才能利用自己的工作热情帮助别人更好地发展他们的事业,并帮助他们创造出他们自己的、更有意义的领导力财富。

  下一章我们将重点讨论如何在具体工作中检验你的领导力财富声明,并对你的财富声明进行反复的增删、修改,从而确保它的可行性和适应性。我们力求通过这种方式,来培养一种积极的、有前瞻性的观点。

第五章　你的领导力财富能否产生持久的影响力？

对你的财富声明进行压力测试

完成了一份多少令你满意的领导力财富声明之后，下一步你就要根据你的个人情况对它进行现实性分析，也可以邀请你的好友或者你信任的同事阅读一下你的财富声明并提供反馈，通过这些方式来对你的领导力财富声明进行压力测试。

撰写领导力财富声明是对财富思考的严肃投资，为使你的投资能够有良好回报，财富声明所反映的行为和目标必须是现实的、可达至的，同时也必须是志向远大的。你的目标必须真实，也就是说这些目标不能受别人预期的束缚，而应该是能够自我激励的。

沃伦·本尼斯（Warren Bennis）在其颇具影响的著作《论成为领导者》（*On Becoming A Leader*）一书里写了这样一段话："自我创造（Self-Invention）的必要性怎么强调都不过分。所谓真实，从字面的意思来说就是你要成为自己的创造者，去发现你身上那些与生俱来的能量和野心，然后再用你自己的方式把它变成现实。果真做到了这一点，你就不再仅仅是为了满足外界的需要，比如某种文化的需要、迎合某个权威的需要、保持家庭传统的需要而存在了，你在用自己的方式书写属于自己

第五章

的人生。"[1]

你的领导力财富声明真实地反映出你本人的特质了吗？你的好友从你的财富声明中能看到真实的你吗？你的财富声明中的种种抱负现实吗？看过你财富声明的人也觉得这些抱负是可以实现的吗？你是否知道你具备哪些方面的潜质？你的目标是否定得太高或是太低？读过你财富声明的人能把你的财富声明和你本人联系到一块儿吗？还是他们一边摇头一边说："别做你的春秋大梦了，老兄！"

对你的领导力财富进行现实性分析是为了更好地理解它，理解你所写的东西可能会对他人造成什么样的影响，从而保证那些非常了解你的人在看了你的财富声明之后会和你产生一种共鸣。

之前我们承认，让大家就你的财富声明交换意见是件挺难的事儿，而就这样一份将你的真情实感赤裸裸呈现出来的文本声明交流看法，对于你来说更非易事，并非所有人都愿意并欣然接受这种做法。这是可以理解的，一方面，这令你看似有点以自我为中心（就好比说："关于我的情况就说这些，现在让我们来谈谈你，你是怎么看我的？"）；另一方面，你担心别人会认为你在企图寻求恭维话；还有就是，把自己太过公开多少让人感觉有些难为情。正是由于这些因素的存在，才使得许多人不愿和大家分享他们的领导力财富声明。然而，没有来自外界的观点，你无异于在自言自语。如果你不同他人分享你的领导力财富声明，甚至连你配偶的意见也没有，你的计划极有可能会面临夭折的危险。

让我们拿一个生动的例子来说明外界观点的价值。在一次高管培训课上，一位财力非常雄厚的学员（他在美国多处黄金地段开设宾馆或拥有地产），我们叫他贾马尔（Jamaal）。贾马尔与另外一名学员（其实这个人已经成为他的好朋友了）在课上就他的声明展开了一番讨论，他在声明中提到他最大的愿望就是赚更多钱，于是他的朋友问他："你还在乎钱吗？"贾马尔回答说："我的确在乎钱，我感到还需要赚更多的钱，不过我很想知道这到底是为什么?"那一刻对他们两个人来说都很重要:对于贾马尔来说,他职业生涯的全部动力是为了挣更多的钱,而两个人的一番话却引发了他对这一动力合理性的深刻思考。而对于那位听者来说,这番对话不但进一步增进了他对同事的了解,还可以让他从一个全新的视角去审视他自己的领导力财富。

与别人分享你的领导力财富声明的价值是毋庸置疑的,因为它给与你一个机会,让你以最小的风险对你意欲留下的领导力财富进行一次测试;另外,你还可以有更多一双的眼睛来帮助你审视你的财富声明中是否缺失了什么东西,比如你的一些潜在的然而对别人具有吸引力的特质;最后,它也给了你一个机会对你意欲留下的领导力财富进行修改。

收集、评价反馈意见

你希望看过你财富声明的人给你提出什么样的反馈意见?答案取决于你和这个人的关系,以及你在谈及这一话题时的严肃程度。虽然读者给你提出的任何一种反馈意见都会对你有所帮助,但在这里我们建议,你最好明确告诉读者你希望他们提出的反馈意见详细到什么程度。

这一点也同样适用于你给自己提出反馈意见的情况,如果你对自己财富声明的评价类似一种事后突然的领悟,这种压力测试就显得很重要;如果你对自己财富声明提出的反馈意见非常细化,贯穿了各种"倘若……那么"式的情景问答,那么进行这种压力测试也显得非常重要。

在接下来的几段文字中,我们将对第四章中史蒂夫·伦诺克斯、泰芮·凯布尔和卡萝尔·韦奇的财富声明提出一些反馈意见。虽说其中的大部分反馈意见都是针对作者提出的,但你从中也可了解到人们一般能从读者那里得到什么样的反馈意见的大致情况。

第五章

对设计公司的合作伙伴史蒂夫·伦诺克斯的反馈意见

爱吹毛求疵的人读到史蒂夫的财富声明时也许会问:"他为什么要闪烁其词?难道他试图掩盖什么吗?"如果他真的试图掩盖什么,那他做得也太天衣无缝了,甚至连他自己都被蒙在鼓里,这似乎不太可能。我们也认为他的财富声明部分内容的真实性值得商榷,尤其是有一段文字表述他在一所艺术学校接受专业训练期间,就具备了反思能力、自我意识,并成为自己作品的评价者。这些,与文中某些真正的洞见共同存在。

另外,在史蒂夫的财富声明中,我们也看到一些前后矛盾的迹象,一个人如何能够既情绪高涨又保持理性、客观的判断力?如何才能使两者同时共存呢?

答案之一在于他有幽默感,这一点在他文中多次体现出来;另外一点是他对于公司(他自己的公司)的发展状况不满足,总想使公司有一些新的变化;他还在文中列举了太多一对一的关系,而不是一对多的关系。史蒂夫财富声明的字里行间充满着风和日丽,我们认为之所以如此,是因为他从工作中找到了巨大的乐趣,他把他的热情与他的事业紧密地结合在了一起,这使得他的领导力财富的建立似乎变得容易一些。

如果你觉得你的财富声明相对缺乏那种祥和与幽默的元素,你该如何(借用别人的话)像史蒂夫那样享受工作呢?别人的经验中有多少东西可以套用或者复制?答案取决于你从你自己的工作中得到多少乐趣。难道只有那些从事创造性工作的人,比如从事设计、建筑或者是媒体工作的人,才能从工作中得到乐趣吗?此种观点我们不敢苟同,我们认为,销售人员可以从销售过程中得到乐趣,研究人员可以从发现新事物的过程中得到乐趣。我们很幸运因为我们生活的时代赋予了我们自由选择自己谋生方式的权力。

有趣的是,史蒂夫仅仅用了短短一段文字就道出了他财富声明渴望实现的抱负、现实性和延展性："我必须努力提高公司的声誉「抱负」……我必须强迫自己坚持创新,不断进步「延展性」……在这一过程当中,我必须不断对走过的每一步路进行客观评价「现实性」……。"但在后面的几个段落中,通过把建立领导力财富和不停涂刷乔治·华盛顿大桥的例子进行类比,他又很快获得了一种成就感。他在他置身其中的这个建立领导力财富的过程中找到了更深的意义,正如他说:"当我老了,连刷子都拿不起来的时候,会有年轻人拿起我的刷子继续这个工作,我相信一定如此。这就是为什么我们要把领导力财富的创立放在首位的原因。"

对于像史蒂夫那样对过程敏感的人来说,考虑一下衡量标准的问题似乎很重要。你如何才能知道你在建立领导力财富的过程中真的取得了进步?有哪些特殊事件、里程碑或者是标志让你觉得有成就感、非常满意?在前进的道路上,仅仅"不止步"就足够了吗?史蒂夫是一个有创造力的人,显然他在完成一项有价值的事业的过程中找到了意义。但在他建立领导力财富的过程中,过程中的收获真的就足够了吗?

对银行高级官员泰芮·凯布尔的反馈意见

很难想象比泰芮更顽强、更坚韧将会是怎样的情形。她的宣言似乎从纸面上跃然而出:投入、投入、再投入;崇尚行动(a bias for action);对自己和别人都有很高的期望值。类似的内容充满了她的整个财富声明。泰芮(以及那些和她一样锐意进取、有着奉献精神的高效管理者)的问题在于,如何在必要的时候对于一贯的强势做法做些必要的缓和。也许我们应该说服她多听取一些未经过滤的反馈意见(不仅仅关注她那些出色的成果,而且关注她对自己和对别人的期望值是否现实),她还需要给自己留出足够的时间来对工作进展和长期目标进行反思,也要偶尔给自己的心灵放个假,让自己有个思考和喘息的机会。

从文章中我们不难看出,泰芮已经意识到她有必要进行更多的反

第五章

思,有必要花更多的时间来考虑一下长远目标,但问题的关键在于,她(以及那些和她一样的人)如何能在没有突发事件逼迫的情况下,真正做到这一点。

像许多其他公司的管理者一样,泰芮谈了许多关于绩效和执行力方面的问题,而对于泰芮(以及那些和她一样的人)来说,问题的关键在于如何把对于绩效和执行力的追求转变成一个更加连贯的整体,而不只是关注零零散散的每个季度的业绩。尽管你在连续几个季度的利润增长给大家留下了深刻的印象,但从本质上来说,这并不是什么特别有意义的领导力财富。是什么使得你所取得的成绩给大家留下了深刻印象?是什么使得它成为别人能从中获得教益的东西?你们的事迹是仅可以供大家效仿,还是可以让大家运用到不同环境中去的一个模板?

泰芮的领导力财富声明充满了关于行动的词汇(注意力、绩效、无所畏惧、执行力等等),当然也有许多富有"延展性"的词汇。但我们需要提醒泰芮的是,她应该把注意力更多地放在"现实性"上。这并不等于说泰芮不现实,我们只是怀疑泰芮是否有足够的时间,或者能否定期客观地反思她自己的行为。有很多像泰芮这样的成功人士,她们属于任务导向或者结果导向的管理者,如果她们身边有人总能善意地提醒他们做定期的反思,自问一下什么时候应该对任务目标进行检查和修改,她们定会从中受益匪浅。

对建筑公司董事长卡萝尔·韦奇的反馈意见

卡萝尔说她其实是一名大使,此话或许不假,但眼下她毕竟更是一名建设者,从她谈论小火花到熊熊燃烧的大篝火,以及团队关系时我们不难看出这一点。她认为应该把拥有各种技能的人才融入到团队中来,就像新建的大楼里需要安装不同功能的系统一样。这对于一个建筑公司的领导者来说,可能是很适当的做法。我们从她的领导力财富声明中不难看出,她对工作环境和员工的要求都很高,这一点在她积极推动公司变革的描述中表现得淋漓尽致。

对于卡萝尔来说,她的领导力财富似乎与公司以及员工的发展有着紧密的联系,这对于一家组织的领导者来说,并不奇怪(甚至让人有点欣慰)。她几乎把全部精力都放在了公司和员工的发展上,而把自己个人的成功放在了次要的位置,事实确实如此,她说到了,也做到了。

如果你的领导力财富声明中也包括"充分发挥员工的潜能",或者"别人的成功就是对自己最大的回报"这样的话,那么你将如何做到?在许多专业服务公司里,为别人工作的成功而感到高兴和庆祝不是一件容易的事,而卡萝尔却一直都在努力这么做,她对员工所取得的成就给予充分的认可和支持,并把这种做法融入到了公司的日常管理行为之中。

卡萝尔上任伊始,就写了这个领导力财富声明,行文中处处可见她的抱负("达至……目标,亲眼看到下一任领导者继承我的财富"等等)和延展性,这是大家所能料想到的;而有待于进一步检验,同时也是卡萝尔本人早就意识到的是,这份财富声明在多大程度上是可以实现的。领导者上任之初,或者刚刚步入一个新阶段时,他们开始设定财富目标,这时我们要提醒他们不妨在一年之后再来检查一下他们的这份财富声明。到那时,他们必定对他们的工作、他们所处的职位,或者新的工作环境都有了充分了解,所有的一切对于他们都不再有什么神秘可言,那时再来看看哪些目标是可以实现的,反思使他们的领导力财富发生了怎样的改变。

人们的抱负总会发生一些变化,也许是受一些重大事件的影响,也许只是随时光流逝而改变,也许是到达生命不同时期后自然发生的变化。而人们所能成就的目标也必然会随之发生变化。最后就只剩下现实性和延展性,现实性会使人们变得更加脚踏实地,而延展性则有助于员工永不懈怠。只有将这四个标准时刻贯穿于你的努力和追求之中,

第五章

才能使你的领导力财富保持长久的影响力。

压力测试的参数

以下是用来对你财富声明中的抱负、现实性、可实现性和延展性这四个指标进行压力测试的几点指南。

抱负

对抱负进行压力测试,关注点并不在于你的目标是否定得过低,大多数慎重思考过或者设想过自己财富声明的人都知道,目标太容易实现的话,他们将会一无所获。没人愿意公开承认他们希望留下一笔懒惰的财富。最大的难题在于如何调整你的志向和你渴望实现的目标,使之趋于合理。你既不能把目标定得太低,也不能定得太高,用"我有九天揽月之志"这样不切实际的话来给自己打气,等于自寻烦恼,没有任何实际意义。

你可以采用下面这个快速测试法,也可以让你的读者来试试它:假设你已经取得了成功,问问自己是否你已感到满足?花一点时间设想你意欲留下的领导力财富目标已经实现(比如你已经组建了一个大家乐于加入其中的新团队),问问自己是否你已感到满足?你会不会觉得你本可以建立一个更好、更加令人满意的团队?你会不会觉得你本可以把目标定得再高一些?最令你感到满意的目标是什么样的呢?

关键是你所设定的目标不能逼你发疯,实现这个目标对于你应该是一种挑战,但又不至于造成生活中的危机。当人们回顾过去时,常常会问这样的问题:"我是不是本可以做得更多?我是不是本可以更加努力些?"答案多半是肯定的,因为成功人士往往都有后知之明。也许问题更应该这么问:"生活中其他的一切都会继续,该发生的还是会发生,即使我工作做得更努力些,又能怎样?又有多大的意义呢?"

这两种问法的效果截然不同。第二种问法会让你免于负罪感,它可以让你用更加正确的态度去看待生活。从一开始就建立相对客观的领导力财富比起事后回顾时再将之合理化,要好得多。

现实性

在对现实性进行压力测试时,要注意两点"合适":合适的人和合适的条件。

合适的人。严肃地讲,你是创立这种类型领导力财富的合适人选吗?你的特质与你的目标相符吗?我们这里所说的不是指你的智商高低,也不是指你拿过多少学历证书或者资格证书,我们所说的是更深层次的东西,比如,你具备与你意欲留下的领导力财富相匹配的行为举止、个人品质和性格特征吗?虽然你觉得这么做很有意义,但它有没有超出你的个人能力所能承受的范围?除非你已经制定出一套完整的能力倾向测验,并回答了上述问题,否则你就必须把这些问题弄清楚。虽说不是要你做一个标准的测试,但也要做到基本客观。

比如丹(Dan),就很想为后人留下一笔作为建设者的财富。留下一个可以持久经营的公司、产品以及管理方法,包括他本人的大名,这个想法实在令人着迷;被大家一致认为是个有远见卓识的人,自然令人高兴;如果当一个人已经不在人世了,人们还能记得他是一个有远见卓识的人,那更是莫大的荣幸。

丹是一个喜欢别出心裁的人,尤其是他年轻的时候。他甚至曾在《华尔街日报》(*The Wall Street Journal*)上做过广告,而且还印了一些小册子。但是丹的确还不是一位建设者,过去不是,现在仍然不是。甚至丹本人也承认,他还够不上有远见卓识,对于建设工作的实际过程也没有太大兴趣,也缺乏对于细节的关注,当然更缺乏作为一名建设者对

第五章

于员工和工作进行长期培育的耐心。

即便如此,他仍然愿意留下一份建设者的财富吗?他仍然愿意!在他自己迷失方向的时候,我们希望那些曾帮助他测试领导力财富声明现实性的人,会帮助他最终明白:他选择一条这样的路走不通。

合适的条件。即便你所掌握的技能、你的天分和性格都允许你去追求你意欲留下的领导力财富,你也要慎重考虑一下你目前的职位、你所在的行业、你的公司、你的职业道路等各方面的现实情况是否允许你这样做。要追求你意欲留下的领导力财富,你需要综合考虑所有因素,看看你是否具备合适的条件。

如果你想和员工打成一片,那么你意欲留下的财富与你们公司所推崇的行为的价值取向相符吗?如果你很少把钱用在员工发展上,却把很多钱用在了产品开发和业务拓展上,那么你意欲留下的财富能深入人心吗?如果你正在经营一家调研实验室,你是不是把大部分时间和精力都集中在了某一个领域,却忽视了对其他领域的研究?这些情况有可能发生改变吗?

总之,你应该测试一下你的工作职责和财富目标之间到底存在哪些潜在的不匹配因素。若要减少这些不匹配的方面,从短期或者长远角度来看,你必须要对你的职位或者你本人的哪些方面进行调整?是你的职责、你所承担的工作、你的雇主、所处行业,还是你的职位需要调整?什么时候调整?值得等待太久的时间吗?

马拉(Marla)在销售行业小有名气。她曾就职过的单位包括高级连锁养生馆,纯天然珠宝制造厂,国际金融公司以及一些其他行业的单位。无论在哪里工作,她的营销技巧都令同事敬佩不已。她天生就是一个真理追求者,她在这方面的天赋对她的营销工作起了相当大的作用,如果她还没有充分了解所要销售的产品,或者对一项销售工作还没有十足把握,她是决不会轻举妄动的。

但近些年来,马拉对她的销售工作越来越感到不满意。在她的工作职责和她意欲达到的事业目标之间,存在着某种程度的不匹配,她的财富目标已经超出了她的职责范围,所以除了硬着头皮走下去,她别无选择。

意识到这一点之后,她很想攻读一个研究生学位,但让她感到懊悔的是,虽然她一直都这么想,却迟迟没有付诸行动。她说:"我想了很长时间,却很少真正去做,我不知道我在等什么。到目前为止,一切还是老样子,没有一点儿变化。"

如果你对自己说:"一旦……我就尽快开始做……",那你就一定要小心了。你要老老实实地问自己一个问题:"'尽快'有多快?"

可实现性

在对领导力财富的可实现性进行压力测试时,你需要问问自己你意欲留下的领导力财富在多大程度上是可以实现的。如果需要你为此不断投入大量的资源(无论是时间、金钱还是精力),你是否可以做到?就你目前的工作和个人生活来说,你需要如何做出平衡?你愿意减少或者放弃哪些东西来帮助实现你的既定目标?

吉恩(Gene)在一家风险投资企业干得相当不错。他的工作是向他所在企业投资组合中的公司提供专门知识指导,与此同时,他还在其中一家公司担任一个重要职务。他希望大家记住他是一个建设者,他希望通过他的专业知识来优化这家风险投资企业的投资组合。然而,他需要承担的家庭责任远比一般人重得多,在这种情况下,吉恩要把全部精力集中到成为一名建设者这一目标上实属不易。

唯一可以帮助他获得一些解脱的是,用吉恩自己的话说,他已人到四十,像他这个年龄的人需要做的事情总是堆成堆,所以他必须得明确哪些目标能实现,哪些目标不能实现。他或许具备一个成功的建设者所

第五章

需要的全部技能和天分，但鉴于他的处境和他在工作和家庭之间所做的权衡，他的领导力财富目标无法实现。

如果你已经开始花时间来构思你的领导力财富声明，那你就等于占了先机，因为你至少提前在思考这个问题了，你知道要完成部分或者全部你意欲留下的领导力财富目标，你必须做出取舍。你必须具备哪些条件才能实现你的既定目标？其间的利弊权衡、重新定位，甚至推倒重来都是在所难免的，到那时候你不忙才怪。这是个有趣的问题，到底哪些工作必须做而哪些事情可以不做呢？

延展性

做好了志向目标的确立工作，目标的实施就令人鼓舞得多了。你现在做的是你喜欢做的事，没有什么比这更让人觉得幸福，不是吗？当你展望你正沿着这条道路大踏步前进时，用各种方法对这条道路的延展性进行一下测试不失为一个很好的想法。

首先，有必要检验一下你所使用的方式，看看它是否就是你愿意投入大量时间和精力去实现目标的方式。这种方式有多大的延展性空间？它会使你一直精神饱满，使你体内保持活力的内啡肽发挥作用吗？还是由于延展性不够从而使得目标实现的过程变得异常艰难，结果也差强人意？

其次，你对自己财富目标的追求能持久吗？会有多久？并不是所有你曾经意欲留下的财富在五年之后都还有意义，毕竟外部环境会发生变化，你本身也会发生变化。另外，由于当今社会的员工流动率很高，较少有人能在一家公司或一个工作岗位上长期干下去，在经历了多次工作变动之后，你还能看见你领导力财富的影子吗？

我的一个客户的女儿，我们叫她桑德拉（Sandra），她今年才二十多岁，在纽约一家大公司上班。虽然尚处于职业生涯的早期，桑德拉已在着手思考她自己到底想要什么。不仅如此,她还非常善于和乐于认真回顾她以前曾经做过的工作。这是极其难能可贵的!她希望她的工作一直都有延展性,不仅有机会应对困难、履行职责,还可以让她知道从长远来看她更适于培养哪些方面的技能。她知道那些最重要的技能不可能仅凭一、两种工作经验就可以完全得到,她必须要经历各种不同的经验才行。

在那些对你非常重要的人看来,这些工作上的延展性目标适合你吗?你最信赖的朋友或是读者是否理解你为什么要努力达到这样的目标?你爱的人们支持你去实现这些目标吗?你意欲留下的领导力财富对他们有价值、有意义吗?——尽管他们本人并不追求这些目标。

阐明你的意图

既然你已经用上述这些标准对你的领导力财富声明进行了慎重思考,并且收集了一些反馈意见,接下来你需要考虑是否对你的财富声明进行修改。你的读者有没有提一些你从未想过的有价值的问题?如果有,把它吸收到你的财富声明中来;她有没有对你写的东西提出异议?如果有,为什么?你明白她的意思所在吗?你愿意按照她的想法修改你写的东西吗?

正如第二章中所提到的使用多元观点法时一样,当领导者对他们的财富声明进行压力测试时,别人提出的反馈意见常常会让他们感到惊讶。在一般情况下,大多数思想型领导者大体上都清楚他们自己有哪些缺点,但没有几个领导者能够(或者愿意)明确指出他们的优点。尽管多数曾与我们一起共事过的领导者都非常善于设定延展性目标,但他们中的许多人仍然觉得很难把领导力财富的延展性目标与他们所设定的商业目标,以及那些能够给他们带来最大个人满足感的事业目标整合在一

第五章

起。因此，有利于这种整合的哪怕是一些小小的帮助，也会产生深远的影响。

美国数字行销公司的罗布·考兹努克把这种压力测试比作是由一位卓有成效的高管教练进行的一次360度绩效评估，他说："一位高管教练曾对我进行了一次360度绩效评估，后来他对我说：'我来谈谈大家对你的看法吧，其实你做的一些事情让大家觉得很满意。'从他口中我才知道我在工作之外做的所有事情大家都看在眼里，而且对我心存感激……似乎所有这些事情都是教练让我做的。现在再来想想领导力财富，想想我在这一过程中学到的东西：我希望我的财富能够保持一种平衡，我希望我的财富不只考虑如何帮助别人从工作中获得生活的意义，也要帮助他们认识到，他们应当如何更好地生活，才能使得工作更加充满意义。"[2]

压力测试不但会使你的期望相对于你的财富来说更有意义，它还"允许"你去追求那些你原以为不那么重要，或者说虽然对你个人很重要，但相对于你领导者的身份来说似乎不那么重要的行动和目标。

换句话说，这种压力测试给你提供了一个阐明你的意图的机会。如果你愿意，你可以只是在心里思考一下这个压力测试；而如果你觉得做一下练习更有帮助，你可以考虑下面这种做法。

你的纸板上有什么？

在一张纸上画一个大大的圆圈，(如果你手头有纸板的话，也可以拿来用。)制作一个饼状统计图（pie chart），把你每天要处理的工作分门别类地画在图上，同时反映出你花在每个问题上的时间。

在另外一张纸或者是纸板上画一个大圆圈，然后按照你所希望的工作结构画出一个饼状统计图，同时在图上反映出你解决每个问题所花费的时间。

如果你一直按照第一张图的做法行事,那么请你设想一下,当你到了准备退休的时候,你对自己走过的职业道路会作何感想呢?

这两张图是否有明显的差别?这些差别对于你为自己设立的领导力财富来说意味着什么?这些差别对于你财富声明中所宣称的抱负又意味着什么?

对于许多高管来说,这个用纸板所做的练习直观地表明了,他们每天花费在那些对于他们所要建立的领导力财富起不到任何作用的行为上的时间、精力的广度和深度。然后剩下的问题,至少是部分问题,就是组织的问题了。是不是虽然你的目标与你的自然角色、你的天分和你的技能相符合,但你一直以来所做的却是那些无法充分发挥你的优势的事情?如果是,你需要重新思考一下该如何合理分配你的时间。

此外,这个纸板练习还揭示出另外一个问题,即你认为你想要的(第二张纸板),与你真正想要的之间,其实存在很大差异。比如有一个经理人,他曾经告诉我们说,他首次制作第二张纸板时,在上面留下了大量未做任何安排的时间。然而,当他真正开始考虑如何利用这些时间时,他才意识到他还是喜欢他目前的工作节奏,虽然他的日程总是排得满满的。他说:"事实上,我对自己总是忙于工作而无暇顾及其他感到很内疚,但有意思的是,这个纸板练习让我明白了,我非常喜欢现在的工作节奏,并不想慢下来,至少现在不想。"

进行领导力财富思考以及与之相关的练习,远不是呼吁大家停下匆忙的脚步来享受美好生活。对于有些人来说也许是这样的,但对于其他更多人来说,总在尝试新的突破,一天到晚忙忙碌碌的生活,是很有价值,也很快乐的。

如果你确信你第二张纸板上所列内容是真实可靠的话,接下来你该如何去实现它们呢?这将是我们下一章讨论的内容。

第六章 你所做的是正确的吗？

从声明到行动，再到审查，以至其他

> 人们通过不停地采取某种特定的行为而获得某种特定的品格……你通过正义的行为获得正义；通过克制的行为获得克制；通过勇敢的行为获得勇敢。
>
> ——亚里士多德（公元前384—公元前332）

某一项的领导力财富很容易形成，也许一次简单的互动就能对别人产生持久的影响。事实上，你想要留下的财富，也就是你的领导力财富声明中体现出来的财富，很有可能已经开始深入人心，已经开始对你们公司中甚至公司以外的人们产生影响力了。

也许你已经对这些群体中的一些人产生了一定程度的影响力，但这种影响力可能还没有大到足以改变他们的行为方式；也许有些领导力财富并不是你希望留下的，但它却在不知不觉中形成了；也许你一直在努力建立许多单个的领导力财富，但这些单个领导力财富连在一起的整体形象，还没有在那幅马赛克图像中形成，或者虽然已经形成了，但看起来还太模糊，无法解读。

那么，如何才能将这些单个的领导力财富连在一起呢？首先你必须对别人产生持续的影响。换句话说，只有对他人产生长期的、持续的影

第六章

响,你才可能把那些负面的,以及不想留下的领导力财富所造成的影响降到最低,并把你想要留下的领导力财富连接在一起,虽然有时它们之间并无直接的联系。这种持续性还将提升你对许多单个人所产生的影响力,进而使这种影响力能与别人产生更多共鸣,并且最终影响他人的行为。

若想要你的领导力财富产生持久的影响力,若想要你领导力财富的价值不断提高,你需要把你的领导力财富从书面声明变成实际行动。本章将以一种明确和直观的方式帮助你实现这一转变。

明确哪些行为可以使你朝着正确的方向前进

首先要重新思考一下你的领导力财富可能会对哪些群体造成影响:你的继任者、员工、同事等等,这一点我们在第二章中曾经提到过。为什么要这么做?如表6-1所示,这样做的目的是尽力使你的领导力财富最大限度地影响他人。最强有力的领导力财富处于图表右侧最顶端的位置,当处于这一位置时你的领导力财富会影响大多数人的行为。

表6-1 领导力财富影响图

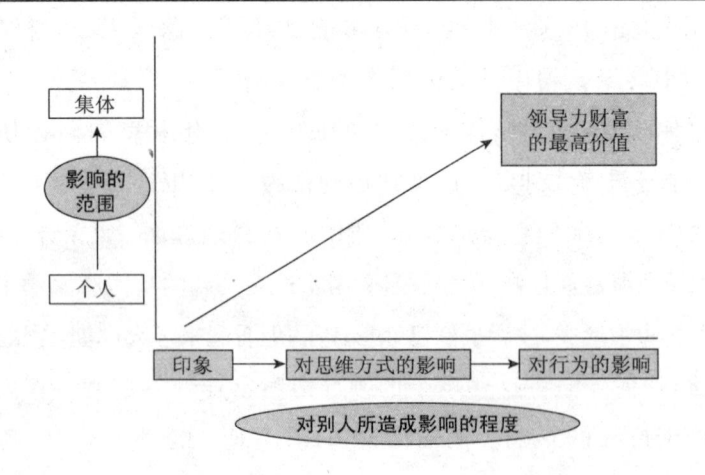

运用"停止、开始、继续、知道、务必、避免"这一框架模式

　　一旦心中锁定了你领导力财富所要影响的人群,你就要问一问自己:为了加快我的领导力财富建立的步伐并提高其质量,我应该停止、开始,或者继续哪些行为?我还需要知道些什么(我有哪些专长、哪些局限)?我应该做些什么(针对我目前的专长、我的天然角色,以及我所处的职位)?我应该避免什么(哪些行为会使我的努力付之东流)?

　　当我们为中层管理者准备领导力开发专题研讨会时,我们经常使用"停止、开始、继续、知道、务必、避免"这一框架模式。我们去拜访公司高层管理者和领导者,询问他们:"从你目前所处的有利地位,并根据你了解的实际情况来看,如果你是公司的中层管理者,你希望大家对你说些什么?你想要停止做些什么?想要开始哪些新的东西?想要避免什么?继续保持什么?针对这些问题,你希望大家给出怎样的建议?"

　　通常情况下,领导者们给出的答案都是非常中肯的,因为看到这个模板,他们会马上想起他们曾经的一些痛苦经历。这样一来,专题研讨会上所介绍的经验教训,就会深深触动每一位与会者的神经,使他们产生共鸣。

　　领导者给出的答案也部分地反映了他们希望看见自己的领导力财富是如何深入人心的。如此看来,这个模板所起的作用和你正在仔细思考的一份刚刚写完的领导力财富声明所起的作用一样,都可以使如何体现你的领导力财富这一问题,变得更加清晰和明确。

　　这是一项个性化很强的练习,因为它与你的具体工作密不可分。以下这些范围和类型的答案会对你大有裨益。但在第一步,那些比较笼统的,一般性的答案会更有效一些:

> 你可以以你的自然角色为起点。比如,如果你是一名大使型管

第六章

理者,看到"开始"这个词,你就会开始思考:"我应该从哪里介入比较合适?从哪里介入才会受到大家的欢迎而不会招致怨恨?"

➢ "继续"这个词会让人想到:"继续建立和维护好与我的联系人的关系。也许有一天某个人会重新回到我的生活中来。他的再次到来会对我有好处吗?会对与我一起共事的人有好处吗?我怎么才能把大家团结在一起?"

➢ 如果你是一名倡导者,"停止"的内容应该包括:"我要排除那些可能消磨我的工作积极性的因素,我要亲眼看着我的事业不断进步。我觉得自己的一些做法成了我成功路上的绊脚石……"

➢ 对于一个倡导者来说,"继续"的内容应该包括:"继续保持我的关系人之间的充分交流和彼此忠诚。我已经有一周没和某某人谈话了,我应该更加频繁地向大家介绍一些新情况。"

➢ "知道"的内容应该包括:"知道成功是什么样的"或者是"我应该更多地了解需要准备打一场什么样的战争。我已经很久没有从大局着眼去思考问题了。"

➢ "务必"的内容包括:"务必要建立一些临时的标准。"

➢ 一个建设者也许想"知道"如何才能吸引他人的注意,即如何才能学会使用别人听得懂的话来表达一个愿景。一个建设者最需要"避免"的问题是:在细节问题上抓住不放,缺乏灵活和变通,以致失去重要的机会。

➢ 真理追求者也许想要"停止"在发现真理的道路上动辄指责别人,也许他应该"继续"寻找一些能够很好地表达他的意图的新方法。

➢ 员工推动者也许想要"避免"在用人制度上出现"用非所长"现象的发生,因为并非每个人、每位追随者,或者关系人都适合我想到的一项工作。

➢ 一位富有经验的指导者不应该局限她的知识面,智者之所以具有魅力,首要原因就在于他们渊博的知识。这个练习允许你在更多机会中充分展示你渊博的知识。

➢ 如果有人过于依赖指导者的意见,以致到了令人厌倦的程度,这时,指导者就要"停止"继续提供咨询。经验丰富的指导者特别需要知道何时应该适可而止。

盯住具体问题

下一步就要把所有这些概括性的、笼统的指标变成在接下来的半年或者一年内你要重点完成的三、四项具体、明确的任务。

先确定一、两项短期任务和一、两项中期任务,为实现长期愿景做好准备。这些任务一定要简单、明了。以下是我们收集到的一些例子:

➢ "我准备和玛丽重归于好。找一下有什么工作可以共同完成,想办法让她知道过去的事对于我已经过去了。"

➢ "我必须开始重新找工作。我要让猎头公司知道,我可以随时准备和他们面谈。"

➢ "是该给新入职的员工写封公开信的时候了。既然他们已经是公司的一员,我就应该明确告诉他们我希望他们取得什么样的成绩,以及如何才能确保他们实现这些成绩。"

➢ "我应该对斯坦(Stan)多包容些,不能不理他,他能坐在那个职位上说明他有一定的能力(尽管我觉得他工作并不出色,某个让我敬佩的人会比他强)。而且我一定要记住,作为同事,他同我在一条战线上。"

➢ "任何一次谈话开始的前三分钟,我都需要耐心等待,暂时不发表任何意见。"

第六章

　　这些不是你需要写进你的年度绩效目标或者列入你的日常工作清单中的东西。或许其中提到的一些元素与你正式制定的年度目标有一定的联系，但即便如此，你还是不能把这些内容写进你的年度目标，因为其中大部分内容不适合公之于众（例如"斯坦"的例子）。

　　拿出你的日历、个人数字助理（PDA），或时间管理软件等任何可以记录时间的工具，从现在往后数一个月，在那个日期标下你的短期任务；从现在往后数三个月，在那个日期标下你的中期任务。你的任务可以是："和赫比（Herbie）谈谈为某公司开发新产品的相关事宜"，或者类似的事情。

　　有的领导喜欢用这个方法，并不是因为他们想在这九十天当中创造奇迹，而是因为他可以定期在日历上看见计划的实施情况，通过这种方式他就可以将他的领导力财富时刻牢记于心。万一在任务进展的过程中有什么失误或不周之处，他至少可以提前发现，及时修改，不至于等到任务结束时才追悔莫及。

努力使你的管理风格处在领导力阶梯的上部

　　使用"知道-务必-避免"这一框架的附带好处之一是，它可以揭示，或者至少可以部分揭示，你需要采取什么方法才能把事情做好。符合你的意图的积极的领导力财富只有在一个充满信任的环境中才能健康成长，这自不待言，因为只有在这样的环境中员工才会自觉为目标的实现而努力，而较少需要别人的监督和约束。[1] 奇怪的是，"知道-务必-避免"练习的结果多次表明，你所处的环境中大多没有你期望或者想象的那样充满信任感。

　　我们看一看表6-2中的领导力阶梯图。恐吓、强迫和高压处在领导力阶梯的底部，这些词很容易使我们联想起那些不友善的、冷酷无情的年代。那时候工人无时无刻不被监视,他们不需要有自己的想法,只要听话就行,叫干什么就干什么。类似恐吓、强迫和高压这样的管理方法不允许员工有任何的自由意志和工作灵活性,抹杀了他们的创造力。处于这一阶段的管理方式很难培养员工的忠诚度,但的确有某些特定时期,或者在某些特定环境下,领导者主观上也并没有想要投入大量时间来培养员工的忠诚度。

表6-2 领导力阶梯

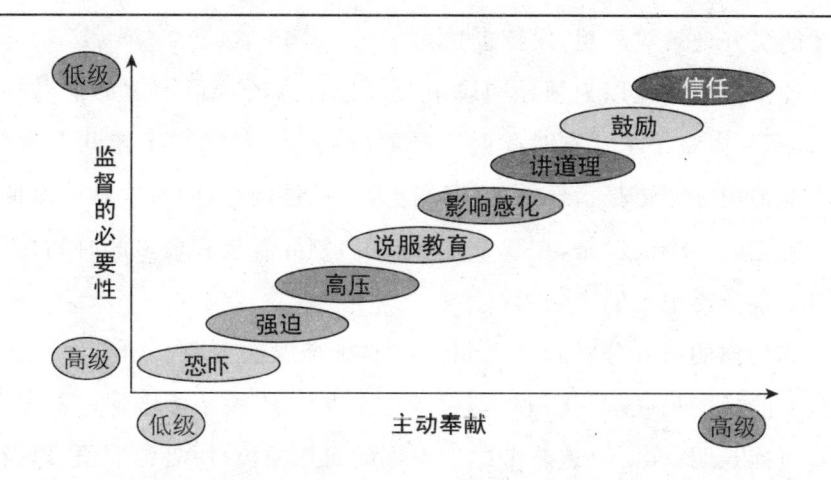

图中纵轴为"监督的必要性"(低级到高级),横轴为"主动奉献"(低级到高级),阶梯由低到高依次为:恐吓、强迫、高压、说服教育、影响感化、讲道理、鼓励、信任。

在这个阶梯的中间部分,领导风格不再直接与身体或者心理上的恐吓相关联,较少使用威胁的方式来让员工顺从领导者的意愿(说的文明一点儿:确保员工行为与领导意愿的一致),领导者通过说服教育、影响感化、讲道理这些途径(员工也做出反应)来实现自己的目的。在使用这种领导方式时,员工的行为才开始发生变化,这是因为当员工受到领导者说服教育、影响感化,或是讲道理的影响时,他们会表现出某种行为,这些行为是他们自由意志的真实反应。虽然他们在做决定时仍然会或多或少地受他们领导者的影响(比如领导者的说服教育和影响感化会对他们产生的影响),但渐渐地,他们越来越知道如何运用自己的逻辑判断

第六章

来做出决定或者采取行动。

所谓影响感化，是指领导者对员工的思维方式施加某些影响；而讲道理，则是指员工可以不受任何约束地去体会领导者究竟是何意图。事实上，在这两个阶段之间存在着一个类似断点的东西，员工需要一个过渡才能由前一种状态进入下一种状态。

鼓励和信任处在阶梯的最高层，反映了属下和领导者完全不同的思维方式（和行为方式）。当员工在一个由鼓励或信任构建的基础上进行互动时，他们的工作热情，乃是最大限度地出自他们的个人意愿，这时他们才能更好地解放思想，发挥创造力。

如果你天真地以为领导和属下会永远待在阶梯最上端那个乌托邦里的话，就太荒谬了。有时我们有必要（或者不得不）向下走几个台阶，适当地采用一些更具指导性的领导行为。关键问题，同时也是可以促进财富思考的一个问题是，在哪个垂直高度，领导者投入最多的时间，也给人留下最值得记忆的影响力。

你把你的大部分时间投入到阶梯的哪个层次上了？如果你一直处于这个阶梯的最底端，我们强烈建议你参加一些领导者培训。不过，这也有可能表明，你需要重新考虑一下你的自然角色、所处的职位，以及你意欲留下的领导力财富之间是否匹配这一问题。采用阶梯中处于较低层次的管理风格，或许说明了领导者和被领导者之间的关系比较紧张，而这种紧张关系会大大影响你的领导力财富。

一个顾问向我们讲述了她的一些亲身经历，告诉我们当她意识到自己处在领导力阶梯的哪个层级时，她的一些感受和体会：

> 看到这个领导力阶梯不禁使我想起我曾独自承担的第一个重要项目。我记得我把大家召集到一起，开了一个项目启动会，把我们所承担的项目、项目目标、日程安排，以及每个团队

成员具备什么样的专长等等，一一向大家做了详细介绍。

我知道团队的每个成员都不错，顺利完成这项任务应该没问题。虽然他们并没有多少经验，其中一些队员还非常年轻，以前也没参加过什么项目，不过我们承担的那个项目难度系数并不高。

就在那次启动会快要结束的时候，我说："我相信，我们一定能够圆满完成任务！"然后我又补充了一句："只许成功，不许失败！"

我清楚地记得，我话音刚落就有一位女士露出满脸惊恐，一位男士的脸上也显出了一副紧张的神情。直到今天我还清楚地记得他们当时的表情。我马上想到："哦，我不应该那么说。"他们当时多么害怕，我当时多么紧张，我怎么能给他们施加这么大的压力！我怎么能用这么直接、这么可怕的方式表达我对他们的期望！

时至今日，每当我回想起那段往事，还能够清楚地记得我当时青涩的表现和我的感受。这次经历也让我清醒地认识到，其实我一直在努力做的工作并不适合我，我也并非真正喜欢它。在认真思考了当时的那份工作以及我从事过的其他工作后，我终于明白，我一直都处在这个"领导力阶梯的相对较低的层次"。虽然我还是我，但事实上我并不是那个真正的我，因为我所做的一切并不是我真正喜欢做的，我之所以这么做是因为我畏惧失败，我把这种畏惧的情绪转嫁给了我的队员，希望他们能够完全达到我制定的标准……

在我成长的过程中，我的家人对我寄予厚望，他们希望我长大后能成为一名领导者，并一直朝着这个方向来培养我。和我家庭交往甚密的一些朋友曾经说过这样的话："如果她真像

第六章

我们想的那么聪明,长大以后她完全可以当国家元首。"我总能听到我周围的人对我说类似不现实的话。这些期望塑造了我,我也因此而对自己的要求越来越严格,并且总喜欢以挑剔的眼光看人。

读高中和大学的时候,班里同学的家境都比我好,虽然如此,我倒从没有因为钱的问题而发愁。为了能让我好好上学,我的父母一直都在不停地努力工作。正因为如此,我才一直认为将来只有我才能让全家人过上好日子(无论那一天多么遥远)。我很有志气,大学毕业后不久便如愿走上了领导岗位。在那些领导工作中,我总是尽最大努力实现工作的预期,也获得了大家对我工作表现的好评。但事实上,我并非喜欢所有工作,甚至很讨厌其中的一些,只是我不能这么说。我在公司提拔很快,但我知道,我并不想坐到司机的位置上去掌控一切。我倒常常觉得,坐在某一个接近最高职位,却无需对事情负最终责任的位置上,会更舒服一些。

现在我终于明白了,我从来都没有停下来认真聆听一下自己的心声,从来都没有认真思考过自己到底想要什么。我从来都没有花上一些时间,哪怕是一点点时间,来倾听自己的心声。也许我害怕听到自己的心声。记得有一次我问一位我非常信任的世交好友:"如果我开一家属于我自己的书店,在书店工作一辈子,你觉得我的家人会同意吗?"我记得她说:"当然没问题啦!"

但我真正听到的却是:"当然没问题啦,只要你的书店像邦诺书店(Barnes & Noble)(世界上最大的图书销售商)那么大!"

直到我组建了自己的家庭,我才开始渐渐明白了自己真正的需要。我明确告诉自己,我并不想晋升到最高职位。那段时间,我开始尝试着用一些以前从未尝试过的方法来寻求大家的意见。我记得一个指导者曾经对我说过这样一段话:"你像胶水一样把公司的员工紧密团结在一起,你的工作做得非常棒,没有人像你做得那么好,我们确实需要你这样的人才。"她又说:"我们是很幸运的,因为我们可以有很多选择,你想怎样度过每一天,都可以由你自己来定,你也可以根据情况调整你的工作。"

渐渐地我发现,帮助我周围的人们顺利实现他们的目标是我最大的快乐。我所说的快乐,不是体现在我告诉别人该怎么去做的时候,而是体现在他们已经知道怎么做,需要我去帮助他们实现他们自己定下的目标的时候,只有在这时,我才觉得自己是世界上最幸福的人。财富思考使我懂得了,在我所担任过的职位、我努力追求的职位,以及最适合我的职位和能给我带来最大满足感的职位之间,一直都存在着矛盾,一直都不匹配。

两天前我接到一个电话,是我从前的一个同事打来的,他告诉我一家公司正在招聘最高层领导,想让我去试试。我当时就告诉他我不去。我解释说,如果我不再是备受瞩目的人,我会非常高兴,也一定会把公司的工作做得更好。也许我的选择会让我少挣一些钱,少得到一些赞美,也少了一些作为优秀领导者而被大家知晓的机会。

但我一点也不后悔!

摆脱(还是投入到)日常工作

马克·吐温曾经说过:"习惯就是习惯,谁也不能将它扔出窗外,只能

第六章

一步一步地引它下楼。"（Habit is habit and not to be flung out of the window by any man, but coaxed downstairs a step at a time.）健身器材制造商和零售商们告诉我们，用户使用他们的产品，一般都会有一个90天的"火热期"。90天之后，除非用户每天逼迫自己在跑步机上锻炼，否则它就会被放在卧室的一角当作晾衣架了。虽然与新年愿望相比这些健身器械的"火热期"还要短一些，但两者从本质上来说并没有太大的不同。

财富思考也一样。宏大的理想纵然鼓舞人心，但若要顺利实现预期的目标，还得依靠日常工作的积累。美国扬基集团的埃米丽·内格尔·格林是这么说的：

> 我认为，若要回答："你希望大家将来如何记住你？"这一问题，你得首先回答："你希望大家现在如何看待你？"我越是把领导力财富看作是一个工具，我就越坚信这一点是对的。只有这样做，我的思路才更加清晰，做事才更有头绪。
> 而且，我也越来越深刻地体会到，我们不要错误地认为优秀的管理者都是完美的，没有任何缺点。如果你想要设计一份有意义的财富，你就必须从拟就一份清单开始，不论上面的内容是什么。你要了解自己的愿望，并真实可靠地加以表述。这样，留下一份有意义的财富就变得相对容易把握。

由于我们把这一观点同财富思考法结合在了一起，并且在建立领导力财富和提高领导者工作效率之间建立了清晰的联系，这一观点看上去显得很新颖。但其实，有很多关于领导力等管理领域的文献作品都强调了日常工作的重要性。在这里，我们引用日本作家山崎正和（Masakazu Yamazaki）作品中的一段话：

如果让那些悲观又勤劳的日本人把他们内心真实的想法用言语表达出来，也许有人会说，虽然我们无法知晓生活的终极目标是什么，但我们可以真诚地、用心地过好生命中的每个阶段，认真感受生活中的每个细节。也许还有人会说，既然我们无法选择实现一个对于我们整个生命来说具有重要意义的目标，那么我们就把全部精力投入到日常的工作中去吧。

虽然这种观点在日本颇为流行，但却远不是日本人的专利。歌德是西方世界一位伟大的思想家，同时也是一个不可知论者。他向那些深受不可知论困扰的人们提出了如下建议："一个人如何才能认识自己？这要靠他的行动而不是他的沉思。努力承担起你的责任，你就马上会对自己有了一些认识。我们需要承担的责任是什么？答案是，我们只需把日常的事情做好就行了。"

歌德的这番话对日本现代化早期的一位杰出知识分子森鸥外（Mori Ogai）产生了极大的影响。那时森鸥外认为，除了那些"必须要做的日常工作"之外，他不知道他的生命里还有什么其他的事情。后来他留给家人的一个遗训是："你们应该全身心地投入到日常工作的小事中去，并以此为乐。"[2]

所有这些都说明了一个问题，那就是，你要尽可能地保证你日常所做的事情都合乎情理、令人愉快，这一点至关重要。检查一下你的行动清单：它们令你有满足感吗？没有人愿意长期去做一些令人不快的工作。你的这些行动，应该是一些人们乐于努力去完成的任务，而所谓完成任务，并不是每完成一项就从清单中划掉一项那么简单，而是因为认识到工作上取得了新进展，有了新的发展方向，盼望已久的目标得以实现而感到欣慰和满足。

第六章

另外，你还要从更广泛的意义上去了解一下，对于领导力财富声明的再思考和修改，可以使大家在多久的时间内受到益处。也许你想每半年左右对于更新和修改进行一些关注，这样做当然很好。然而所有这些事情，无论是大是小，都是在每天的日常工作中逐一得到解决的。对于我们大多数人来说，每天中日常事务解决的过程，说明了我们的生活，不是长期一成不变的。

财富审查

有可能出现这种情况，我们把财富目标定得具有现实性、可实现性、延展性，并且充满抱负，但出于某些原因，这些财富目标却不被周围的人们所看好。这就是为什么我们在第五章中所提到的压力测试，不仅在你第一次制定领导力财富时很重要，而且会随着时间的推移，变得越来越有意义——如果你能够定期使用这种压力测试法来对你的领导力财富进行审查的话。

第一次审视你的领导力财富的现实性、可实现性、延展性和抱负的时候，无论是你自己的挑剔眼光，还是别人的反馈意见，都建立在你运用财富思考法之前的那些经历之上。而现在，在通过财富思考法对你正在形成的领导力财富进行过修正之后，现状审查就成为衡量你工作进展情况的精确指标。

随着时间的推移，大家的反馈意见，尤其是第三方的反馈意见，变得越来越有价值了。最初你同他们分享过你的财富声明的那些人，现在或许能够指出你做过的哪些事情或者做出的哪些决策对你有所帮助或起到阻碍作用；与知情者相比，那些对你的目标不甚了解的人们所提出的新的反馈意见，则更能说明你所做出的调整，或者采取的措施是否已经产生了明显的影响。

两种类型的反馈意见

就像进行压力测试一样,有时候你必须去主动征求别人的意见。但令人欣慰的是,有时在你确实取得了一些进步之后,别人会主动提出反馈意见,主动给予认可。

一位名叫乔治(George)的高管就是一个典型例子。乔治是个高度敏感的领导者,凡事都要亲力亲为,再小的事情也不放心交给别人去做,别人做事时他一定要从头盯到尾,这是他的一贯作风。在运用了财富思考法之后,尤其是在进行纸板练习时,他感觉深受触动,立刻产生了共鸣。他忽然意识到,他以前把大把时间用在了许多无足轻重的小事上,按理说,这些小事本不应该让他这个职位的人花那么多的精力。

此后,乔治慢慢开始学着放权,虽然这对他并非易事。一旦把一项任务或者一个项目交给某人,他就尽量让他们放开手脚独立去做,有意识地减少干预他们的次数。他也对大家说清楚了,需要帮助时可以随时来找他,但他同时尽量克制自己不要对他们的工作过分监督。

最近,他收到了一位员工主动给他的反馈意见:"我之所以喜欢与你共事,是因为你给了我一个机会来证明我自己能做什么。"而乔治则告诉我们:"之前她并不认识我,所以她误以为这是我一贯的风格。但当我告诉她'这是我想要努力做到的事情'时,她感到非常惊讶。"

重新审视压力测试很少会产生这样直接的效果,建立领导力财富不像把一张图片中分散的点连成线那样简单。但将来某一天,当你努力寻找,并最终拿出证据证明你的领导力财富适合你时,再次进行这个练习就会变得相对容易,你也会变得更加自信。

在这里我们不妨运用管理大师彼得·德鲁克(Peter Drucker)的反馈意见分析法,他的分析简洁明了,而且颇具说服力:

第六章

每当你做出了一个重大决策,或者采取了一项关键举措时,你都要记录下希望能达至什么样的结果。九个月或者一年后,你再把真正的结果与你当初的预期进行比较。到现在为止,这个方法我已经用了15—20年之久了。每次比较之后,我都会感到非常惊讶。不光我有这种体会,所有使用过这种方法的人也和我有同感。

在较短一段时间内,比如两、三年之内,这一简单的做法首先能够告诉人们他们有哪些优点,或许这也是人们最应该了解自己的地方。这种做法让人们知道,他们到底做了什么,或者没做成什么,使得他们没有把自己的优势全部发挥出来;他们在哪些方面还有待于提高;在哪些方面没有任何优势,完全不能胜任。[3]

并非所有财富审查的结果都尽如人意。正如德鲁克在谈到他的反馈意见分析法时所说的那样,这种审查会暴露出你长期存在的一些弱点。如果你的目标是在建立财富的过程中不断进步,不断提高领导力,那么,财富审查就是不可缺少的一个环节。

重新回顾纸板练习

建立领导力财富是一个动态的发展过程,这就意味着你必须时常反思你对事情轻重缓急的安排,以及这些事情的进展,不能有所停顿。这就是为什么尽管你已经从书面声明进展到了具体行动这一步骤,你仍需重新回顾纸板练习。即使你通过这一过程把一件小事做得稍微有了一点起色,你也算取得了很大进步。

有时候,当他们刚刚在这个过程中取得一些成绩时,领导者就能明显感觉到他们的进步。让我们再来回顾一下第三章中提到的马修的例子吧。虽然马修非常希望能够面对面地指导他属下的经理们,但由于他的工作日程总是排得满满的,根本无暇顾及。如今,马修受到委任亲自参与了公司内部的一个管理发展课程,他对此感到非常满意。正是这一计划的实施,使得马修得以在他目前的纸板练习中加入了一项内容:定期抽出一些时间来与公司里那些有突出表现的新星们进行面对面的交流。

而在另外一些情况下,当经过一段时间之后重新回顾纸板练习时,领导者会对他们最初制定的财富计划重新进行慎重思考。一位印刷行业的高层领导,在年近四十岁的时候,说了如下这番话:

我曾一度偏离我的既定目标。当我第一次做纸板练习时,有些过于乐观了,或者说至少不那么现实。我最大的优点之一就是非常有说服力,因此我让他们(即那些看过我第一份财富声明的人)相信我完全有能力去实现财富声明中所写的一切。现在回想起来,我那时似乎给大家留下这样一种印象:一旦我定下一个目标,就无论如何都会实现它。

但事情并非如此。当我回头再看这个纸板时,我才意识到,若要实现我为自己设定的目标,我需要对我的做事方式进行重大调整。

意识到我的工作没有取得任何进展,我感觉非常沮丧。但我终于明白了,在我第一次做纸板练习时,完全偏离了我的既定目标。一次又一次的挫折,原来都是我自己一手造成的,而我对自己,其实一向是高标准、严要求的,对别人也是如此,我常常责备别人的不足,也常常自责。渐渐地我开始认识到,如果我现在都无法对自己的做事方式感到满意,那么等到退休的那一天,我也一定不会对自己的职业生涯感到满意。

最近,我的一个好友得了恐癌症,受他的影响,每当我看到

第六章

关于癌症的新闻标题时，感触也会比以往要深，而如果我没有做这个纸板练习，我也不会有这么深的感触。现在，当我再次使用这种纸板训练法时，我会尽量忠实于自己的内心，会事先问问自己，到底如何才能得到最大的满足感。我没有自己希望的那么伟大，我一向是从一些踏踏实实的工作中得到很大满足的，我也一直希望能从一些"相对温和"的事情中得到更多的满足感。从现在开始，我要努力面对自己真正愿意留下的财富，并使这份财富变得更加完善。

最初进行财富思考时，或许你只是在做一个不切实际的练习，但当你重新回顾时，你才会如梦方醒。

其他几位高层主管在重新回顾纸板练习时也意外地发现，在过去的一年中，他们早先制作的任务排序现在已经发生了变化，过去的纸板内容已经不再适应当前的形势了：要么是大家的兴趣点发生了变化；要么是出现了新的机会；要么是相比从前，个人问题显得更重要了。一家大型金融服务公司的高级副总裁告诉我们：

在过去的一年里，我的工作达到了一个饱和点，我不再想做更多的事情，也变得不像以前那么有创造力、那么积极进取了，我也因此少了许多竞争的对手。但正当我有意想让自己的精神（如果不是身体上）放松一点时，所有的事情却一股脑儿地涌上心头，这就是人生。多年来唯一不变的是我的家庭，以及六年前的这个月我失去了我年仅19岁的女儿这个事实。我和我的妻子正在努力从失去女儿的阴影中走出来，人生总是这样起起浮浮。

最近一段时间，我一直在努力找回自己，不是通过"我做了什么"，更多的是通过"我是谁"，这是一个还在进行的工作。

我们不应该把纸板练习看作一种评价的工具，或是一个借口，我们不应该把它用得那么极端；相反，我们却可以把它当作一个很好的工具，一个可以使你更加清楚地了解自己、也更加清楚地认识你所选择的道路的工具。

是要实实在在的满足感，还是不确定的成就感？

从财富声明到采取行动对个人具有极其重要的意义。无论是从小的、积极的方面来说，还是从大的、痛苦的方面来说，这一过程都富有启发性。我们为没有留下某种财富而感到悲伤，常常是因为我们错过了那些本应努力一试但却没有去做的事情。从声明到行动的道路选择向我们揭示了什么？有哪些财富是你想要建立却还没有开始做的？美国海军上将格雷丝·默里·霍珀(Grace Murray Hopper)(1906—1992)说过这样一句话："轮船停在港湾里是安全的，但那却不是我们造船的目的。"

2004年，迈克尔·维克兰德(Michael Wiklund)做出了一个惊人的举动：他辞去了在一家知名公司负责界面设计的工作，开了一家公司，由他自己来做设计师兼人机交互顾问。公司的服务项目包括：简化外科手术设备的使用方法；美化网页，使其看上去更具吸引力；使电视机或录像机的遥控器手感更好；甚至使燃放鞭炮变得更加安全等等。在此之前，罗伯特(也就是本书的合作者之一)就已经和他相识十多年了。很久以前，维克兰德曾说过他想开一家自己的公司，但每次又会找各种理由说现在还不是时候，或者不是最佳时机，比如，他会说他的工作量太大，甚至工作量太小也会成为他的托词；但另一方面，维克兰德又认为自己是一个非常有才华的设计师，甚至可以对整个行业的发展产生影响，只是他的潜能还没有得到充分发挥，他还有很大一部分才能没有开发出来。

第六章

在本书即将出版之前,我们对他进行了一次采访。他说:"虽然一直以来我都想自己开家公司,但却犹豫了十几年。"在他终于宣布他的重大决定之后两年,他还在不停地问自己为什么当初没早点下决心。

除了极个别的情况之外,你最好问自己"我为什么没早点开始做?"这总比问"我为什么全然没有去做?"要好得多。回头想想,当初阻碍你做出决定的那些理由,现在还成其为理由吗?如果你无法实现全部梦想,能不能先实现一部分?也许你不想放弃一份薪水丰厚的工作而去做一名全职教师,但你能不能只教一门课?你需要对现状做些什么调整,才能使你的目标更容易实现,或者离目标的实现更进一步?如果你不能做复杂的综合性分析,你至少需要做些什么样的妥协才能使你的财富更富有生命力?

为了把上述观点讲得更透彻,让我们再来看一看扎克(Zach)的例子。扎克以前是从事法律工作的,但他却毅然辞掉了这份收入稳定的工作,开了一家自己的投资公司。现在,他在加利福尼亚州拥有八十多亩的葡萄园。这样的例子不胜枚举。

指向性而非决定性

如果因为进行了财富审查,或者因为你的工作性质、工作风格有了重大改变而出现了一些具体的、明确的迹象,表明你在建立积极的、正向的财富的过程中取得了一些进步,固然是一件好事,但如果尚没有看到这些迹象,你也不必着急,因为通向成功过程中的点点滴滴并不容易被大家觉察。

在一家大型咨询公司负责亚洲事务的一位高管这样说:"我们公司有许多聪明人,他们以前的做法是,接到一个客户的案子后,马上着手进行大量分析,然后很快提出问题的解决方案。但是,随着时间的推移,我们不得不……告诉他们，我们希望他们在接到客户的案子后，先不要急于提出解决方案，而是首先对客户这些问题的广度和深度进行充分了解，然后进行深入分析，在此基础上最后提出相应的解决方案。你从事这方面工作的时间越久，你就越知道该如何倾听客户提出的问题，如何对这些问题进行深入分析，以及如何提出相应的解决方案，这一工作方法源于你工作经验的不断积累。这听起来有些滑稽：如果我们不轻易得出解决方案，那就意味着我们最终一定会拿出一个更加全面、更有深度的解决方案。"

在建立一套积极的领导力财富的过程中取得一些进步，与把一张张小图片黏合在一起形成一大幅完整的马赛克图片的过程非常相似。或许你可以看到一些进展，但这些进展不在于你对事情做出了何种反应，而在于你做出反应之前不断增强的控制能力；不在于你进行财富思考之后做了什么，而在于你此后不再做些什么。这些衡量标准尽管是看不见、摸不着的，却是非常深刻的。正如大赦国际的威廉·舒尔茨所说："也许公司的领导者从未取得过任何一项重大成就，但这并不代表该公司就没有弹性发展空间，就不能稳定、健康地发展；也不代表该公司的领导者缺乏远见卓识，毕竟强大的领导力财富是靠平时工作的点滴逐渐积累得以形成的，而这个形成过程往往难以被人觉察。"[4]

《纽约时报》现已离休的首席执行官拉斯·刘易斯曾说过："我认为自己是一个正直、公正的人、也是一个有幽默感的人。如果说我的这些品质对公司产生了重大影响，听起来似乎有些太骄傲了，但我确实一直努力使自己成为一个正派的人、一个高尚的人……我想这一点或多或少地对公司的文化产生了一些正面影响，从而使公司朝着一个健康的方向发展。"[5]

提到日常事务的重要性，我想起一位美国作家，也是一位电视制作人诺曼·利尔（Norman Lear）曾说过的一段话："成功是在漫长的时间里

第六章

靠点点滴滴积累起来的。任何一项重大成功的取得都不可能一蹴而就，都需要花费很长时间……如果你能这样看待成功，那么你也许会发现自己人生的大部分时间都是成功的。所以，你要在内心深处为自己所取得的小小的成就轻轻地鞠上一躬。如果你非要等到取得重大成功的那一刻再一躬到地的话，那种内心的答谢就成了不愉快的讨价还价，你就永远体会不到取得重大成功之前那些小小的进步带给你的快乐。毕竟，人的一生中能够取得重大成功的机会并不多，你需要等待很久才可能得到一个一躬到地的机会。"[6]

下一章我们将重点分析利尔的观点，并讨论如何迎战领导力财富建立过程中所面临的诸多困难和挑战。

YOUR LEADERSHIP LEGACY

第三部分　決斷力

第七章 决断力的必要性

挑战、困难、阻碍和其他困境

无论你在哪家公司工作,只要你身居高位,你领导力财富的建立就不可能是一帆风顺的,它总有不可避免地受到外界因素的干扰而被迫中断的时候。但这样说并不是要你气馁,要你放弃建立领导力财富的计划。相反,要使你建立领导力财富的方法更加富有成效,你必须要承认并接受这样一个事实:遇到一些阻碍,面对一些困难和挑战,是建立领导力财富过程中不可缺少的一个组成部分。

有鉴于此,我们将在本章介绍财富概念的最后一个组成部分:决断力。经历过时间的考验,经受过许多矛盾和威胁的困扰,决断力将成为促进你的领导力财富发挥最大影响的重要力量,或者相反,它也可以令你的领导力财富逐渐削弱,无法深入人心。

彼得·德鲁克曾经这样写道:"(领导者)由于受现实因素,比如政治的、经济的、金融的或者人际关系等方面因素的制约而做出的让步,是与他们的使命和目标协调一致还是背道而驰,直接决定了他是否是一个高效的领导者。"[1]本章将重点讨论哪些现实的制约因素会直接影响领导力财富的建立。本章也提出了一些建议,认为你可以运用自己的决断力与现实中的制约因素进行妥协,以便使你正在建立的领导力财富得以保全。

第七章

让财富思考成为一种习惯

尽管到目前为止,本书一直采取了具有前瞻性的态度,但建立领导力财富的过程并不局限于此,它也可以是反思式的。就像开车一样,虽然你清楚目的地在哪儿,但途中你会受到许多事情的干扰,其中有些事是事先可以预料到的,另有一些则完全出乎预料。或许你极尽所能写了一份严谨的财富声明,或许你已经对这份财富声明进行了全方位的压力测试,并拿出了近乎完美的行动计划。然而,正当你准备把财富思考融入你的日常行动中去时,你却常常发现你遇到许多出人意料的事情,比如你需要缓和一下和董事会之间的不同意见;公司合并的一些细节问题压得你透不过气来。

迫于这些短期的压力,你很自然的一个反应有可能就是,把对领导力财富的思考暂时搁置起来。这时,你就有可能忘记了,在建立领导力财富的过程中(正如开车行路一样),无论途中会发生哪些让人意想不到的事情,只要你牢牢把住了方向盘,就可以最终到达目的地。如果你在驱车行路时甚至"忘记"了自己的目的地,你所做的一切又有什么意义呢?同样地,在你忙于处理眼前事情的时候,如果把建立领导力财富的目标搁置一旁,那么你所做的任何事情也注定会失去价值。

记得温迪连锁公司的创始人戴夫·托马斯曾经说过这样一句话:声望是靠你每天的行动逐渐积累起来的。当你的财富思考与日常的领导责任发生矛盾的时候,你需要切记,无论遇到什么情况,你的领导力财富都是在你每一天甚至是每一刻的表现中逐渐建立起来的。虽然你无法控制你所处的环境,但你可以控制自己对于环境的决断,并自主地实施它。

我们在第一章中曾经说过,领导力财富思考是一个工具,或者说是一个透镜,可以用来过滤和评价领导者所做出的诸多决策。在这里,让我们再次回顾一下这个理论:领导力财富思考可以帮助你做出正确的判断,无论是针对日常行为,还是应对危机,从而为公司的发展带来令人满意的结果,与此同时,也更好地促进你的个人财富的形成。

让人分心的事、起干扰作用的事、具有破坏力的事

没人能对每一种危险情况都做好充分准备,也没人能对每一种困难局面都做出精准判断。但是你可以对那些经常发生的、可能会对领导者的财富建立造成重要影响的事件类型进行预测和分析。通过提前对你所做的判断进行确定和解析,你可以将你意欲留下的领导力财富在遇到意外情况时有可能造成的破坏降到最低,甚至完全避免这种破坏。

我们可以把在日常工作中建立领导力财富时所面对的挑战大体上分为三类:让人分心的事、起干扰作用的事和具有破坏力的事。

让人分心的事

让人分心的事指那些不重要,但却很花时间的事情。比如,你可能出乎意料地花了半个小时来安抚那些贪得无厌的人们,因为你不知道他们什么时候会来找你;又如,你每天都得抽时间处理那些堆积如山的电子邮件;还有就是,也许你会意外地接到一些电话,让你对一个有点儿创意但又算不上是上乘之作的广告活动发表一些意见。这些事情就其本身而言,似乎不会对你的领导力财富的建立产生什么明显的影响,但它们蜂拥而至,会大量挤占你用于建立领导力财富的时间。请回想一下纸板练习,你会发现你的纸板中到处充斥着让人分心的事情。

在处理这些令人分心的事情时,你可以把它们看作是可以促进你领导力财富建立的一些机会(虽然它们令你很烦恼),这一点很重要;同样

第七章

重要的是,你要想办法把日常工作中遇到的那些令人分心的事情的数量降到最低,越早清楚这一点越好。

有时候,如果后勤工作做得到位,这些让人分心的事情是可以得到妥善处理的(比如,你的助手有没有认真审查打给你的电话或发给你的电子邮件?或者他有没有对你的出差行程进行合理安排?你在开会的时候是否会尽量避免频繁使用"黑莓"智能手机?)。

有太多让人分心的事情也可能表明你没有把工作分门别类地加以授权,或者你没有把足够的工作授权给别人。在与同僚和直接下属一起共事时,你在多大程度上依靠他们的帮助,而不只是与他们的办公室相邻,或者简单地向下属吩咐了事?

虽然本书的内容不是关于组织设计方面的,但我们发现在处理那些让人分心的事情时,许多高层管理者都需要面对一个共同的问题,即如何优化他们周围团队的组织结构问题。一些公司把这个团队称作高层领导团队或者内阁,我们在这里借用一下我们曾经与之一起工作过的一家公司的说法"前8至10把交椅"(eight to ten chairs)。

一般情况下,这前8至10把交椅包括你的重要的直接下属,以及少数几个在其他部门担任高层领导职务的领导者。这些人负责处理那些关系到公司业务是否能够顺利开展的重要问题,而他们本人对你所处的职位或者你所扮演的角色来说,却不见得是非常重要的人物。与那些呼风唤雨型的高手打交道对于公司的发展也许是件重要的事情,但却不一定是你的长项,非但不会对你领导力财富的建立起积极作用,还有可能分散你的精力,起到负面作用。在这里我们要提醒你,一定要对自己有清醒的认识,因为它是领导力财富思考的基础。

我们认识一位高管,名叫蒂姆(Tim)。最近,由于部门即将承担一些新任务,蒂姆着手对他的前8至10把交椅进行重新改组。虽然此前蒂姆手下这些身居要职的领导者们都非常胜任各自的工作,但他们之

决断力的必要性

间,或者他们与蒂姆之间的工作风格和专长不能形成互补。所以在团队扩充之前,蒂姆进行了一系列绩效评估,借着这个机会,蒂姆也得以对他在哪些领域有长足表现,以及什么东西能够给他带来最大限度的满足这些问题进行了一些反思(并得到一些反馈意见)。作为这一系列绩效评估的结果之一,蒂姆团队的要席中增加了一些新面孔,改组后的团队使蒂姆更好地发挥了他的优势,也弥补了他的一些不足之处。

如果那些令人分心的事能够得到妥善解决,就不会发展成为对领导力财富建立起干扰作用的事情。让人分心的事就像是一条大河中漂浮着的小树枝,如果数量很少,并不会对河道造成太大影响,但如果这些小树枝叶越积越多,就有可能最终堵塞河床。如果不能够对那些分心的事情加以适当处理,它们就会迅速堆积起来,成为起干扰作用的力量。

起干扰作用的事

正如我们刚刚提到的那样,如果没有对让人分心的事情加以适当处理,久而久之,它们就有可能发展成为起干扰作用的事情。那些源源不断的电子邮件就是一个典型的例子,排得满满的出差行程是另一个,而第三个例子是那位能呼风唤雨的高手,她有些过分青睐个人辅导和反馈意见,以至于在缺乏一显身手的机会时,她恨不得你所有的注意力都集中在她身上,甚至在语音信箱中也要高谈阔论。

起干扰作用的事情有些是一次性事件,而另有一些则可能占用你大量时间和精力,甚至于令你的领导力财富计划不得不迂回前行。

失去一个关键的高层领导者是一个典型例子,部门的运作失败也是一个例子,还有像市场逐渐遭受侵蚀,关键行业竞争者发生了变化,失去(或增加)了一个关键客户等等,这些都可以算作起干扰作用的事情。虽然我们并非每天遇到这些问题,但在商业圈中,这些也是意料之中的现实情况。

133

第七章

需要再次强调,这里的一个重要问题是,你该如何运用你的决断力来应对周围发生的事情?与对付让人分心的事情一样,领导者既可以努力避开这些事情,也可以去正视和处理它们(把它们看作是建立领导力财富的一个机会),当然,他们也可以任其发展至恶劣的程度。俗话说得好:"人算不如天算"(Man plans, and God laughs),建立领导力财富的动态特征在这一阶段得到了充分证明,领导者在面临更大危机的时候,一定要牢记这一点。

我们认识一家公司的一位首席执行官,他的名字叫利昂(Leon)。利昂正面临一个棘手的干扰性问题,尽管他想尽办法来解决,但问题还是随时有升级的危险。事情是这样的,利昂的前任比尔(Bill),是一位德高望重的领导者,一直以来深受员工的爱戴,虽然他已经退休四年多了,但公司的几位高层领导者遇到问题时,总还会问:"要是比尔在的话,会怎么做呢?"如果他们对传达下来的决策持不同意见,他们会摇摇头说:"比尔是不会同意那么做的。"过去几年中,虽然公司在利昂的带领下变得越来越强大,大家也越来越尊重利昂,但利昂仍然很难在公司中真正确立他的地位,因为员工总是按照他们是在比尔离开之前还是之后加入公司而自动分成两派。

最近,比尔重返商业舞台,成立了自己的公司,为了扩大公司的实力,他从以前就职的公司挖走了几位高层管理者。紧接着,利昂所在公司的管理层发生了翻天覆地的震荡,一波未平一波又起,因为比尔成立的新公司,对利昂所领导公司的核心管理层造成了巨大的冲击。

利昂这位新任首席执行官,其实一直都有自己明确的目标:他想把公司的发展带向一个新阶段,并精心为公司制定了发展蓝图,以便能够在这个飞速发展的行业中始终立于不败之地。而要做到这一切,利昂公司的管理团队就必须有前瞻性的眼光。利昂从未想过要对公司进行大清理,他一直只是希望大家能够围绕他的观点形成共识。而现在,他似乎不得不花费大量时间来物色新的管理者,以填补那些被挖走的领导岗位空缺;来安抚那些留下来的领导者;来挖空心思预测下一次管理风暴何时将至。他向大家反复重申他的愿景,并希望以此来稳定军心,鼓舞大家的士气。原本只是一些起干扰作用的小事情,随着事态的不断发展,现在却恶化到这种地步,以至于该首席执行官最初设定的目标以及建立领导力财富的愿望随时都有可能化为泡影。虽然他一直在努力建立领导力财富,但不幸的是,目前的这些财富并不是他真正想要的。

利昂义不容辞地承担起大量的工作,以使管理者的注意力重新回到公司的发展上,或者是集中到他的愿景上。为了挽救他领导力财富的主旨和行动,也许他不得不,或者说至少暂时,需要调整一下他的公司发展策略和愿景。我们在第三章中提到过两位高管人员,他们在公司运作不利的情况下,把公司的发展策略和愿景(以及他们意欲建立的领导力财富和他们的自然角色)暂时搁置起来。现在利昂也必须这么做,才有可能平息公司内部愈演愈烈的人员变动危局。

财富思考法并不是要你即使在公司面临倾覆危机时,还死抱着自己的想法和目标不放,而是要你承担起作为领导者的责任,也只有这样,你的价值观和处世哲学才能得以保全。想一想在半空中给飞机补充燃料的情况吧,道理是一样的。

具有破坏力的事

通常情况下,如果起干扰作用的事情愈演愈烈,最终变得无法控制时,它就会演变成为具有破坏力的事,这些危险情况常常以各种形式表现出来。比如,它们可能会以重大事件或者危机的形式出现,并且因为媒体的过分关注而被夸大。涉嫌财务丑闻是其中一例,被指控存在产品质量问题(就像我们在第一章中所谈到的美国温迪汉堡连锁公司被蓄意欺诈的人指控其辣椒有问题一样)是另一个典型例子。

第七章

　　许多有关领导力的书籍都曾详细论述过应该如何渡过这类危机,其中的最佳建议是:尽快收集相关事实,并承担起相应的责任;尽可能使你所采取的行动和所做出的反应保持高度透明。努力做到以上几点可以帮助你顺利渡过危机时刻。[2] 同样的建议也适用于此,只是你还需要记住:领导力财富思考要求你一定要清楚地知道自己有哪些优势、哪些缺点,你希望给大家树立(以及你能够给大家树立)一个什么样的榜样。

　　有些问题长期以来一直深埋于个人或组织的内部,虽然大家早有意识,但遗憾的是没有对其进行控制,相反却任其发展,这些潜在的问题最有可能发展成为对领导力财富具有破坏力的事情,是领导力财富思考所要面对的根本问题。如果这些问题长期得不到解决,就会出现对你的自然角色的误解或否定,也会发生对外界明显反应的忽略。在第三章中我们曾讨论过如何评价你的自然角色和你的职位是否相匹配的问题,还讨论过如何根据市场需求把你意欲建立的领导力财富渗透到你的日常行为中去的问题,随着时间的不断推移,你会发现这些问题变得越来越重要了。

　　让我们来看一下表7-1,这里绘制了一个需求和愿望之间对比的坐标。从这里我们很容易看出,你目前所处的工作环境是否允许你成功建立自己的领导力财富。假如我们喜欢做的事情总是有很大的市场需求,也总能得到很高的评价,这个世界该有多么美好啊!但遗憾的是,在现实中这近乎是个奢侈的要求。有些时候,工作需要你把注意力转移到别处去,而另有一些时候,你所做的工作没有任何乐趣可言。如果建立领导力财富所需要的行为与市场对这些行为的现实需求之间存在的差距过大,甚至还有进一步增大的趋势,那么,你意欲建立的领导力财富就不太可能深入人心。在这种情况下,你就必须对你的职位、你的工作,甚至你的整个职业生涯做出选择。

表 7－1 需求-愿望之间的权衡

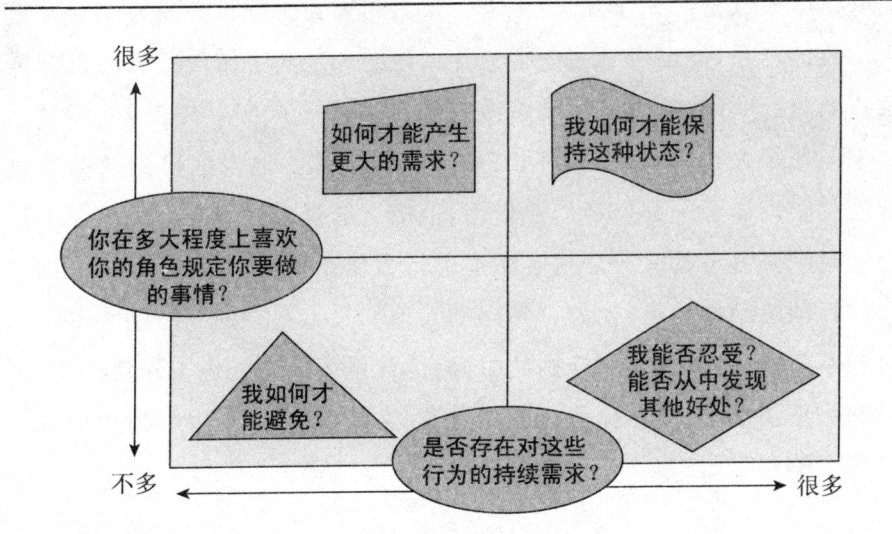

```
        很多
         ↑
         │  ┌─────────────────┬─────────────────┐
         │  │   如何才能产生   │  我如何才能保   │
         │  │   更大的需求？   │  持这种状态？   │
你在多大程度上│  │                 │                 │
喜欢你的角色规│  ├─────────────────┼─────────────────┤
定你要做的事情？│ │                 │  我能否忍受？   │
         │  │   我如何才       │  能否从中发现   │
         │  │   能避免？       │  其他好处？     │
         │  │        是否存在对这些              │
         │  │        行为的持续需求？            │
         │  └─────────────────┴─────────────────┘
        不多 ←─────────────────────────────→ 很多
```

接下来让我们看一位管理者的例子，他的名字叫菲尔（Phil），早在菲尔三十几岁的时候，就已跻身一家国际制造公司高层领导者的行列。最近，他的同事和直接下属就他的管理风格提出了一些真诚的反馈意见。

菲尔一直以来都是一个非常优秀、可以委以重任的人，他的上司也总是把最难攻克的项目交由他来负责。虽然有时他也造成一些不利的影响，但他几乎每次都能出色地完成任务，并且达到预期的结果。大家也因此给他取了个绰号（当然这个绰号源于他的军事化训练），"连山也能搬动的菲尔"（Take-the-Hill Phil）。

现在的问题是，菲尔已进入公司高层管理岗位，他过去毫不留情的工作作风，已无法适应新的需要；曾助他一臂之力的指挥与控制式（Command-and-Control）的管理方法，现在却成了阻碍他进一步升迁的绊脚石。

从这些反馈中菲尔意识到，如果他不对自己的领导风格加以改善，他的仕途道路就很有可能会遇到严重阻碍。尽管他当时坚强地接受了

第七章

这些意见,但他后来还是坦言,看到这些意见他大为震惊,没想到曾帮助他取得巨大成就的工作方法,似乎一夜之间失去了往日的威力。

震惊之余,他也终于明白了为什么他的那一套老做法已无法再继续发挥效力。所以,他决定尝试着做些改变。

他花了大约六个月的时间去做了种种尝试。他说他得到的最大收获就是整理出了一套行为作业指南,他把这套行为指南当作可以在工作中随时拿来参考的宝典。这套所谓的行为作业指南,其实就是一个指导具体行动的简单清单,比如,"问问别人他们是怎么想的"和"别人讲话的时候不要插话"等等。刚开始的时候,他几乎每天在处理工作之前,都要翻阅一下清单上的指导,但现在已经变得非常熟练,不用再频繁地去参考那个清单了。

菲尔清楚地知道,他所做的这些改变既不会给公司造成不良影响,也不会妨碍他行使自己的决策权;相反,还有助于他和员工之间的沟通,从而提高工作效率,长远看也能够助他仕途更上一层楼。

但菲尔也直言不讳地说:"对于我来说这确实是个巨大的挑战,因为我无时无刻不在考虑该如何一点点做出改变,硬着头皮说些奉承话实在令我为难,"但他还是无可奈何地加了一句:"但我知道这么做是必要的。"

菲尔承认,如果他不努力做些改变,也许他的领导还会一如既往地把那些更艰巨的任务交由他来做,同时,他也将丧失许多自己去选择任务的机会。

到目前为止他还没有仔细考虑过,他努力改变自己性格基本部分的做法从长远来看是否会对他有好处?从目前的情况看,他正在努力建立的,似乎并不是他真正想要的财富,甚至与他想要的东西相背离。但菲尔还是很有可能再创佳绩的,金钱方面的回报也自然不在话下,只是那

决断力的必要性

付出的个人代价，是不是有些太大？

菲尔努力的最终结果尚不得而知。现在让我们再来看另外两个人的例子，从这些例子中我们不难看出，选择一条完全不适合你的道路，该有多么危险。

香农（Shannon）从幼年开始就有一种宗教倾向，她经常虔诚地参加各种宗教活动，而在那个年代，定期去教堂并不是一个十几岁孩子通常会有的习惯。香农似乎对宗教有着特殊的兴趣，但她的父母很早就表示过他们希望她将来能够成为一名医生，而且他们的态度很坚决。香农是一个非常孝顺的女儿，她最终选择了一所知名文科大学的医学预科专业。而从进入该校的那一天起，香农就如饥似渴地投入到宗教课程的学习中，甚至差点荒废了自己的本专业，她对宗教产生的兴趣和投入的精力，不知要比对有机化学和自然科学课多出多少倍。她曾多次公开谈及她喜欢宗教课程，很想上神学院，想在毕业后成为一名牧师或是宗教学教授。也许这才是最适合她的发展方向，对此她周围的人都有同感。

也许毕竟是血浓于水，也许是因为无法摆脱来自父母的压力，香农最终还是选择成为了一名医生，但她过得并不开心。一晃三十几年过去了，现在香农已经成为一名颇有声望的执业医生，她的这份工作也给她带来了一定程度的满足感，只是当一名医生从来都不是她梦想的职业，她也从来都没对这个职业表现出太大的兴趣。直至今天，香农每想及她当年的选择，都感到痛惜，她相信如果当时她顺从自己内心的意愿，她的人生道路，将会是一片完全不同的天地，她本人也一定会因此得到更大的满足感。香农留给后人怎样的财富呢？了解她那份遗憾的人都知道，在香农留下的所有财富中，至少有一份痛楚的教训：当你选择职业时，一定要忠实于你自己的内心。

第二个例子的主人公名叫史蒂夫（Steve），史蒂夫 18 岁刚开始工作

第七章

时是一家大型制造企业的蓝领工人,他先是在生产线上工作,在其后25年的时间里,做过生产线主管、当班主管和厂里的工头。但在漫长的工作时间里,史蒂夫总像是一条离水之鱼,感到不得其所,因为他所从事的制造业向来都有崇尚阳刚之气的文化传统,而他本人恰恰又不是一个大男子主义气概的人,无论身高还是气质他都不是;史蒂夫是一个勇于承认错误,工作兢兢业业、勤勤恳恳,待人友善的人,只是有点过于神经质,地盘保护主义也太强,而且还有一点优柔寡断,所有这些在大家看来都不是一个强有力的领导者所应具备的素质。

后来公司的业务范围几经调整,事情就看得很清楚了,史蒂夫是靠彼得原理(Peter-Principle)一阶阶攀上公司领导岗位的那种人,就他目前的情况而言,一个大工头的职位已是他力所不及。史蒂夫在这里已经干了三十多年,他曾公开表示他希望干满三十五年再退休,史蒂夫的老板非常善良,他没有劝史蒂夫退休,而是给他安排了一份行政工作,负责管理几个行政职能部门。

可以想象,史蒂夫在这个位子上疲于应付。几年前,这个位置还只是一份相对常规的工作,而现在,却变得难以把握,需要更多的决断力。史蒂夫被这一切压得透不过气来,他一面苦苦挣扎,一面又害怕别人侵犯他的权力范围,他的同事表面上不说什么,但在实际工作中根本就没把他放在眼里,甚至从骨子里看不起他。他负责管理的工作被评为不合格。直到这时,公司才开始正面处理这一问题,大大削弱了他的权力,但为了顾及他的面子,公司还是打着重组的幌子,并且继续由他负责其中的几个部门。

史蒂夫会留下什么样的领导力财富呢?很明显,是大家都不愿意看到的(也是很不幸的)一种财富,一个与所处环境不相适应,虽然使出浑身解数仍无法取得改变和进展的领导力财富。

这样的事情可以避免吗?他的老板应该继续用他吗?老板和他进

行一次"软硬兼施"(tough love)的谈话会有帮助吗？如果有人把实情告诉史蒂夫，他是否有勇气去作出改变，或是提前退休？所有这些问题都强调了一点，那就是你应该认真考虑你究竟适合从事什么样的职业，通过思考你的领导力财富（也鼓励别人这么做），你是否能帮助别人过上更愉快、更有成就的生活。当然了，无论是医生（香农），还是工头（史蒂夫），如果他们能够早些忠于自己内心的想法，都可以做到这一点。

现已退休的《纽约时报》首席执行官拉斯·刘易斯对此做了一个恰当的总结："无论何时、无论处于何种位置，你越早意识到你是谁，你就越有可能对自己感到满意，你周围的人也越有可能感到满意，最起码你自己会觉得很欣慰。"

领导力的非常财富

如果你有机会和那些成功人士，那些似乎被外界看作无所不能的"宇宙大师"（或者类似字眼儿）级的人聊聊天，你会发现，事实上他们并非如此。他们也有遗憾，觉得自己本可以取得更大成就；他们也常常会对没能实现的目标感到惋惜，对某些问题没能及时解决而感到懊悔。所有的人，包括我们当中那些最为成功的佼佼者，都会时常觉得他们留下的领导力财富不那么完美，尽管这些财富的价值大小不一。

让我们来看看休（Sue）的例子。休是一家公司人力资源部门的经理，掌管着人事调动的大权。由于形势需要，公司将不得不在18个月内进行三次裁员，而休原本以为进行一轮就够了，后来意外发生的两轮裁员让她觉得，她在某种程度上建立了一份很唐突的、令人感到有些遗憾的领导力财富。（她在进行第二轮和第三轮裁员时，很可能采用了她处理危机情况时所采用的直截了当的方式，而其实她在那种情况下做些灵活的处理，就很可能留下一些积极的财富。）

第七章

另外一个例子是关于杰里（Jerry）的。两年前杰里在一家资金雄厚的能源风险投资公司找到了一份工作，但他发现在过去两年里，他的大部分时间都忙于进行低价出售公司某些业务的工作，因为总公司已决定退出某些竞争领域。对此他感到十分惋惜，他说："刚来的时候我想象我的工作可能像迎接新生儿的产科大夫，而实际上我这两年更像是在一家临终关怀医院工作。"毫无疑问，他在这两年时间里所做的工作、所建立的财富并非出自他的本意，而是受到外界环境的驱使，不得已而为之。虽然那段时间所建立的大部分财富是负面、消极的，但其中也有一些是比较正面、积极的财富，因为他一直都在审慎处理资产剥离的工作。

在我们写作本书的时候，杰夫·纳尔逊（Jeff Nelson）已经是得克萨斯游骑兵棒球队（Texas Rangers）的一名投手了，虽然他的例子不属于管理界，却更能说明一些问题。作为美国职业棒球 2003 赛季纽约洋基队（New York Yankee）的一名球员，纳尔逊也曾参与了那次臭名昭著的斗殴事件。在 2004 赛季，他在《波士顿环球报》（*Boston Globe*）上刊登了一篇文章，描述了当波士顿红袜队（Red Sox）球迷在比赛中向他嘘声时他的挫败感。以下是从文章中节选的一部分：

"瞧，这地方真棒！"纳尔逊说，"我喜欢来这里比赛，洋基队和红袜队的球迷都很棒，两支球队之间的对抗也非常精彩。这里的气氛不错，我不会受到影响，我会全力以赴打好比赛。"

"我感到很遗憾，大家只记住我参与了那次斗殴事件，直到现在大家还对那件事耿耿于怀，这是我棒球生涯中的一个耻辱。那次斗殴事件给我刻上了一个深深的烙印，一个一生都无法抹去的烙印，因为大家每次看到我都会说'瞧，这就是参与了那次斗殴事件的家伙，就是在候补投手练习区发生的那件事儿。'他们忘了我作为一名优秀的投手曾经取得的成绩，我不是候补球员，我一直都打主力。"

决断力的必要性

纳尔逊认为那件事之所以升级为斗殴事件，甚至受到刑事罚款的处罚，原因其实很简单，就是因为当时他的帽子上印有"NY"（纽约）字样。他说，假如当时他是在西雅图水手棒球队（Mariners）或者是在得克萨斯游骑兵棒球队投球的话，就不会发生那种事了。

"他们的眼睛只看到了'NY'字样，"他说，"对于我来说，这是一种奇耻大辱！我有自己的家庭，做过许多慈善事，我父亲退休前是马里兰州的一名警察；我打了13年棒球，不是菜鸟球员，更不是什么暴徒，我甚至从来没有向球迷大喊大叫过，只曾经跟裁判起过争执。除此以外，我确实什么也没干过。

"因为NY标记，而不是因为人的问题，我为此付出了沉重的代价。"

法庭会最终认定谁为这起事件负责。但纳尔逊同时说，他没有听到来自红袜队的任何声音，"那天晚上，约翰·亨利（John Henrry）（红袜队的大股东）只出来说了一句话：'我支持我们的球员和球迷。'那真是个天大的笑话。我不是一个坏人，假如我曾经劣迹斑斑的话，我也就认了，但我不是。我没有听到他们站出来说一句公道话，甚至连'发生这样的事情我们感到很遗憾'这样的话也没有。假如我当时是西雅图水手棒球队或是得克萨斯游骑兵棒球队的投手的话，他们还会这样小题大做吗？当然不会！"

"这件事情有一天会过去吗？天晓得！"[3]

对于有些事情你实在无能为力。你会觉得众人的眼光总是在盯视你，而这一切，是由一些绝非出自你本性，也反映不出你为人处世道德标准的偶然事件的负面影响所造成的。

一旦你不幸遇到这种事情，唯一可以做的就是要坚信，时间是你最好的朋友，它可以冲淡一切，负面影响会随着时间的流逝而渐渐为人们所淡忘。就杰夫·纳尔逊的例子来说，对于那些对红袜队或者洋基队的

第七章

事情不感兴趣的人们来说,也许他们从未把这件事放在心上。

随着时间的推移,你的马赛克图像会变得越来越大,而在你负面财富的周围,其他的财富也成长起来,并且看起来更加清晰;时间一长,某块瓷砖,或者瓷砖的某一部分就显得无关紧要了。无论是知名人士还是普通大众,都曾有过负面财富变正面财富的经历,通过对这些经历进行研究我们发现,人们建立财富的过程都折射出三个方面的特征:

首先,这些领导者能够坚持不懈地从他们的个人经历中学习和总结,正如我们从一些创新型大师[像英特尔公司颇具影响力的前首席执行官安迪·格罗夫(Andy Grove)],或者一些再创新型大师[像迈克尔·米尔肯(Michael Milken)],甚至是一些没那么出名,但曾受一些事情(有些事情甚至是由他们自己一手造成)影响的人们身上所看到的那样,他们都有这方面的一些共同特征。

恩佐(Enzo)也是如此。恩佐是一家大型咨询机构的合伙人,也是罗伯特(本书合作者之一)从前的一个同事。恩佐个性张扬,长相帅气,穿着衣冠楚楚;他曾多次离异,身边总是女友不断,无论是在工作中,还是下班后,总是我行我素,完全无视周围人的存在。

之后的许多年里,罗伯特一直都没有他的消息,甚至几乎快把他给忘了。然而突然有一天,他接到了恩佐打来的电话,恩佐对他说:"这几年我一直在反思过去。老实告诉我,当年你在我手下工作时,我对你是不是太刻薄了些?"

罗伯特回答得非常诚实:"是的,我想我不得不说,你对我确实有些刻薄。"

恩佐听完此话显得异常惊讶,甚至有些将信将疑,但他还是马上向罗伯特道歉,之后就挂断了。几年后的一个葬礼上,罗伯特再次遇见了恩佐,但他们只是随便打了个招呼,恩佐似乎不太想和罗伯特过多交谈。

以前恩佐之所以打电话给罗伯特,也许是想就此进行一些自我发现；也许他生活中突然发生的某件事促使他开始反思他过去的行为。虽然罗伯特不知道到底发生了什么，但有一点是肯定的，那就是恩佐的财富已经悄然发生了变化。"我不会只记住他是一个盛气凌人、没有亲和力的人，"罗伯特说，"我会记得他是一个富有思想，又有些懊悔的人。他的例子使我明白了，一个人可能会发生彻底的改变。"

其次，属于这一类型的人都是高效的公开忏悔者，他们都有一套自己的方式应对现实而不是否定现实，痛定思痛之后他们会继续勇敢前行；他们既不会把大把时间用在相互指责上，也不会为自己强辩，或者急于想办法刷洗自己的清白。（事实上，除非他们犯了罪或者是做了什么臭名昭著的事，否则用不着等下一件大事发生，大家对他们所做事情的关注度就会随着时间的推移而逐渐消失。）

蒙蒂（Monty）的经历是另外一个例子。蒙蒂曾因酗酒过量而酒精中毒，家庭关系也因此破裂，与此同时，他的事业也因公司的合并和收购而陷入困境。蒙蒂的故事之所以吸引了我们的注意力，是因为在经受众多打击之后，蒙蒂又在事业上重新取得了辉煌的成就。蒙蒂四十刚出头时就混得很不错了，不但拿到了名牌大学的 MBA 文凭，还开始了他虽称不上惊人，却也相当令人羡慕的职业生涯，之后他步步高升，很快进入公司的管理高层。正当事业蒸蒸日上之时，他工作了二十多年的公司却突然发生了重大变动，生活的平衡被无情的现实打破了，蒙蒂被看作是公司旧体制的一分子，甚至有人把他比作一匹已经疲惫不堪的老马，已无法胜任他目前的工作，当时蒙蒂才不过四十五岁左右。于是他失业了，几乎与此同时他的婚姻也破裂了。但令人敬佩的是，蒙蒂并没有从此一蹶不振，而是奋力前行，开始重塑自我。

蒙蒂把他自己的过去看作一笔宝贵的财富，凭借对这些经历的反思，他最终重新找回了自我。他还把他重塑自我的经历编成一些小故事，用笔记录下来，拿出来与大家交流，甚至运用到工作、乃至日常生活

第七章

中。现在的他比以往任何时候都更加幸福、更加有成就感,他花了近十年的时间才取得了今天的成就(但他却似乎觉得他得用一生的时间,因为他认为自己还没有完全从过去走出来)。蒙蒂渴望从他过去的经历中不断得到学习,并把他学习的成果应用于实际工作中,这才是他成功的关键所在。

最后,这一类领导者都愿意根据实际情况对他们的道路做出调整。比如,迈克尔·米尔肯曾因他在金融行业所获得的巨大成功而被载入史册,而他后来所面临的一系列法律指控也同样给人们留下了难以磨灭的印象。尽管他的人生经历如此大起大落,他还是把他所有的资产和全部的精力都投入到了发展教育事业和与前列腺癌作斗争的医疗事业上。无论你是否是迈克尔·米尔肯的崇拜者,你都不能低估他在慈善事业方面所作出的杰出贡献。

以上所说的一切并不意味着当你遭遇失败时,你要彻底改变原来的道路。迈克尔·米尔肯之所以能够较轻松地完成这种转变,很大一部分原因在于他有着雄厚的经济实力做基础;但对于这些人来说,改变原来设定的路线,不见得是他们在万不得已的情况下才采用的最后一招。

哈佛商学院的荣誉退休教授莱纳托·塔格利说得好:"当你放弃一部分梦想时,你就开始寻找其他出口。比如,设想你身边有一位资历较深的同事总是说你具备某种天赋或品质,渐渐地你发现你其实除了具备这些方面的特质以外,在其他方面几乎一无是处,这是一种'痛并快乐着'的经历。你必须决定何时实现一个跨越,而要想实现这个跨越,你需要首先完成态度上的转变,把你的态度从'我在这儿工作得并不开心',或者'虽然这么做不对,但我总得想办法应付过去',转向'我要以此为起点,去实现一个良好的跨越!'"[4]

第八章　　财富和责任

你有责任帮助别人建立他们的财富

本书的大部分内容,旨在帮助高层管理者将他们意欲建立的财富放在他们的具体工作和自然角色中加以全面考虑,突出从个人的角度看如何使正在建立的财富与想要建立的财富保持高度一致。而我们前文讨论的财富思考——前瞻性地主动建立财富的过程,而不是事后反应式的过程——就是一个非常有用的工具,它可以帮助你在工作中以及在做决策时,既能考虑到你的优势又能考虑到你的弱点,从而给自己带来满足感,也能实现组织的利益。

我们在前文中把领导力财富和马赛克图像做了一个类比,意思是说,如果把你对公司内外所有人产生的影响整合到一起,就形成了一幅连贯的、正面的整体图像,它可以折射出你的最佳实践方式和价值观。

本章中,我们要为这个综合体增加最后一个要素:也即高层管理者有义务培育的一种额外的财富;除此之外,本章还探讨了领导者在建立财富的过程中可以随时对他们的财富进行检验的几种方法。

第八章

领导职责需要具备的财富

在第一章中我们引用了约翰·科特对领导职责的定义:设定愿景、引领方向、整合员工以及形成激励。正如我们前文所讨论的,如果你把自己的意图、动机和能力放在公司的竞争地位、竞争能力和整个市场这些大环境中去考虑,你就会对自己的领导力有更加深入的了解,你的财富思考也可以使那些构成领导力的要素变得更加清晰。尽管如此,你的财富思考也不会对你设定的愿景和方向产生直接影响。

但财富思考却可以对人员的整合以及激励的形成产生直接影响。你越是清楚地知道你的行为方式对周围的人产生了哪些影响,以及你自己更看重哪些方面的影响,你对人际互动(interpersonal dynamics)的理解就越全面和深刻。

因为你是领导者,你给大家带来的好处,或者说你必须承担的责任,就应该更大一些。一方面,你要努力确保你的最佳实践方式能够继续传承下去,让越来越多的人都能有所借鉴;另一方面同样重要的是,你要努力帮助公司里的其他人也获得同样水平的自我意识,只有帮助别人建立他们自己的财富,你所产生的积极影响才能发挥到极致。

农民都懂得这个道理:如果你从一块地里每年都获得好收成,自然是件大好事;但农庄的长期价值却在于,无论土地由谁耕种,也无论过了多长时间,它依然能够保持高产。所以说,农民的纯粹价值就在于,要在不破坏地力的前提下,使土地的生产率最大化。

这也好比养育子女:在孩子们还不能自立时,你会竭尽全力为他们的茁壮成长提供一切必要条件,你会把你身上最优秀的东西以及辨明是非的能力灌输给他们,希望他们有朝一日自立时,能够在激烈的竞争中保持优势地位。说到底,你的目标就是让他们利用你所提供的一切去发挥他们自己的长处,书写他们自己的人生,创造幸福,培养乐趣,取得成功。这是为人父母的纯粹价值之所在。

领导者的纯粹价值也是如此:

好的做法:提供阶段性的高绩效和良好回报。

更好的做法:将你的领导力的最好部分灌输给别人。

最好的做法:帮助公司其他人努力建立他们自己的领导力财富,以便他们能保持自己的最佳行为方式。

澳大利亚前总理罗伯特·孟席斯(Robert Menzies)(1894—1978)说过的一席话颇为发人深省:"一个一心向钱看的人,纵然很努力、很成功,也只是树立了一个可怕的榜样,对国家没有多少贡献可言。如果公司里有这么一位冷酷、实际的管理者,在公司运行良好时,榨干公司的最后一滴利益和分红,留下一个千疮百孔的烂摊子,就会招致大家的不满甚至怨恨。这样的领导者永远不会看到他的公司之外的地方,或在更大范围内发展与其他公司的伙伴关系。我常常想,当这些人退休以后不再为积累财富操心的时候,他们内心靠回味些什么来打发人生剩余的时光呢!"[1]

哈里·莱文森(Harry Levinson)这样描述 IBM 的创始人小托马斯·沃森(Thomas J. Watson,Jr)的观点:"无论是公司的发展规模,还是目前市场对其产品和服务的需求,都不能真正解释为什么 IBM 这个品牌能在市场上经久不衰。IBM 持久经营的奥秘就在于,它有着强大的持续再生能力。当代行为科学的研究成果表明……确实可以存在企业经营的'青春之泉'(fountain of youth),这样的公司通常都会营造一种易于培养创造力和灵活性的社会和心理氛围,这种氛围更加有利于员工的成长。"[2] 所以说,把别人培养成和你一样具有高度自我意识和长远规划能力的人非常重要。在我们看来,只有把财富思考和培养这种能力结

第八章

合在一起,组织内部才会出现"青春之泉",组织才能永葆活力。

领导者怎么才能使这一切得以实现呢?回答得直接一点就是,领导者也要鼓励他的同事进行财富思考,还要让这些同事也去鼓励他们的直接下属进行财富思考,以此类推。需要注意的一点是,如果过分追求细节,这项工作就会变得异常庞杂。虽然反思和财富思考非常重要,但这一做法的主要目的在于使你的工作更加简单明了,因为你的工作已经与你的自然角色浑然一体。所以,如果你认真对待财富思考这一概念,那么作为其连锁反应,帮助别人进行财富思考,就是再自然不过的事情了。

波士顿联邦储备银行的萨莉·格林,在首次参加多元观点法训练两年之后,对她的财富思考进行了反思,她评价说:

> 这不是一个可以坐享其成的工具,你不能指望它直接指导你与他人之间的互动,或者直接影响你做出决策。不要到最后还这样说:"我的这些行动、宣言或者交流到底给别人留下了什么样的财富?"
>
> 一旦你真正花些时间来研究财富思考这一概念,它的内涵就会膨胀起来,给与你许多的启发。你会突然间觉得:"这个问题、这个决策或者这次谈话,会在更深层次上对我及他人产生重要意义和长远影响。"可能你还会这么想:"这儿有机会做一些事情,无论是对现在还是对将来都有好处。"
>
> 财富思考可以加深你对管理问题的理解,你的直觉或你对已有知识的把握可以使你更好地帮助别人发现他们在哪些方面具有优势,在哪些方面能做出最为突出的贡献。
>
> 换句话说,如果你自己都不知道该何去何从,又何谈去鼓励别人呢?所以你首先应该明确自己的前进方向,然后才能更好地调动大家的积极性,激励大家为完成一个共同目标而尽情

发挥他们的创造力,这一点至关重要。如果他们最终也能够自主地去做同样这些事,比如进行战略性思考,与愿景保持一致,激励他们的同事,那就再好不过了。所谓财富思考无非就是努力获得成功,并且享受成功带给你的满足感。既然如此,你怎么才能让你的同事也体会到成功的自豪感呢?[3]

有一则老掉牙的小笑话,讲的是蚂蚁和蜈蚣一起散步的故事。蚂蚁问蜈蚣:"为什么你有那么多条腿,走路的时候却能做到协调一致?"听蚂蚁这么一问,那只原本走得好好的蜈蚣立刻停了下来,然后开始分析应该先迈哪条腿,后迈哪条腿,不一会儿工夫,蜈蚣所有的腿都缠在一起,跌了个鼻青脸肿。你在进行财富思考,在帮助别人建立他们自己的财富时,也要避免发生同样的问题。如果你把任务分解得过细,或者把相关信息联系得过于紧密,这项任务就会变得异常复杂;但如果你只把财富思考的本质内涵渗透到你的思想和行动中,它就会成长为你日常工作的一个组成部分。

影响你公司的继任计划

现在让我们稍微变换一个视角,把财富思考放在你公司的继任计划中来考虑。财富思考的另外一个责任就是帮助培养一个有能力、勇于主动承担责任、并且能把这一理念持久传承下去的未来领导者社群(community)。

我们在这里为什么用"社群"而不用"群体(group)"、"组群(stream)"或者"网络(network)"这样的词?因为"社群"一词的意思是,尽管团队成员的个体差异很大,有着各不相同的兴趣爱好,但为了实现更大的共同目标,他们相互依存,优势和兴趣互补,并能最终达成一致

第八章

意见。[4]

在那些小镇上,所有店铺的店主虽然有着各不相同的兴趣爱好和宗教信仰,却能够做到相互尊重、和平共处。有时候他们会说:"伙计,能帮我换点零钱吗?"或是"我要去一趟银行,能帮我照看一下店面吗?"他们彼此照应,在小镇的福利方面利益共享。同时,他们也是勇于自我选择,自我担当的人,来镇上做买卖完全出于他们自己的选择。

一个未来领导者社群与上述情况大体相似。大家最初的理解是公司需要一个强有力的领导者和一些经验丰富的高级管理人员,而他们中的每一位将来都有可能会统领大局。慢慢地,他们对于未来领导者社群这一概念的理解逐渐深化了,一个财富社群也应该是一个经验丰富的团体,他们都清楚地知道,即便他们对于公司如何运作这一问题看法不同,即便他们个人所看重的东西有所不同,即便他们各有自己的优缺点,他们毕竟还是共同选择了这个组织,而这完全是他们自己的选择。他们知道,他们有责任在一个更高的水平上达成思想上的共识;他们有责任团结一致带领员工,共同应对激烈的市场竞争。

正如我们前面提到的蚂蚁和蜈蚣的故事一样,你没有必要对具体实施过程中的细节做过于详细的计划。我们在这里也提供了有关领导者如何完成责任的几个广义的例子。

辞退员工

员工之所以会被辞退,主要是因为他们不能完成工作职责,但辞退员工却是一件伤感情的事,所以通常情况下,领导者们都会尽可能避免,如果必须要辞退,他们也会相互推诿责任。但如果你想到员工被辞退后,他们可以到一个更合适的地方发挥他们的特长,你就不会觉得辞退他们是那么痛苦的事情了,你只要采取适当的方法来做好这项工作就行。何况,辞退一个人的同时,也就为另外一个人提供了一个机会,也许这个人更适合这个职位,能更好地在公司施展他的才华。

授权的下游效应(the Downstream Effect of Empowerment)

玛莉亚·费希特(Maria Feicht)是意大利Bertuccis连锁酒店的市场总监,在向我们讲述她的职业经历时,她尤其提到了很久以前她在另外一家公司工作时的一位老板。费希特说这个老板总是给她安排一些具有挑战性的任务,而且充分相信她的能力。这种信任感从他的话语间就流露出来:"感谢你接受这个任务,如果需要我的话,我会随时到场,但你要知道这个任务由你负责,你说了算。"这种信任感在当时对她意义重大,而在后来的几年里,她越发感受到这种信任的重要性了。"虽然在那里没干多长,但你知道你所尊重的人信任你,你就会干劲十足,当遇到困难时,你也不会退缩,反而会变得更加坚定。这种信任感使你无论在多么艰难的条件下都能坚持下去,直至挽回局面。多年以后,当我意识到这种信任给我带来的影响时,我也开始尝试用同样的态度和做法对待我的员工,因为我觉得这样做可以使公司变得越来越强大。"[5]

鼓励员工超越你

日本学者竹内央(Hiroshi Takeuchi)在他的《动机与生产率》(Motivation and Productivity)一书中这样写道:"日本的上班族中流行这样一句话:'二十几岁的时候,你要多与人辩论,据理力争;等过了四十岁这个里程碑式的年龄之后,你就不要企图在辩论中占上风了。'换句话说,年轻员工通过激烈的辩论,可以对自己的工作有更好的理解。但当他们中年步入管理层之后,如果在和下属的辩论中占上风的话,就会大大打击下属的工作热情;相反,如果他们不再那么咄咄逼人,甚至有意向属下示弱,就会大大提高员工的工作热情,从而对公司的发展大有裨益。"[6]

让我们根据上述观点来思考第二章中提到的艾丽斯·米罗德的一段

第八章

话：

如果你有意培养一个未来领导者社群，那么，想办法鼓励员工超越你自己就不再是可做可不做的事情，而是必须要做的一件事。我以前的一个属下发现我总是竭力雇用那些最优秀的人才，有一次跟我说，我似乎一点也不担心他们的能力在我之上会对我造成什么威胁。她还询问，我总是让别人做一些连我自己也做不到的事情，这是为什么？我曾经努力帮助一个员工往上升迁，但这么做就意味着他要调到另外一个部门工作了，所以每当提起此事，她就会问："你为什么要放他走呢？"我说："没人逼我这么做，但我必须这么做，我没有理由不放他走。"原因很简单，我觉得他已经非常成熟了，完全有能力去承担一些新的更重要的任务。

我并不希望别人因我曾经做过的工作而记住我，大公司一向是人走茶凉，大家会很快忘记你，就像是沙滩上留下的脚印，大浪过后，所有的脚印都会在瞬间消失殆尽。从这个意义上来说，最后剩下的最重要的东西，无非就是我所建立起来的人际关系，以及我帮助别人建立起来的事业。如果听到有人说："是她一手把我培养起来的"，这将是我最大的幸福。[7]

美国威凯平和而德律师事务所（WilmerHale）的资深合伙人杰伊·韦斯科特（Jay Westcott）这样说："随着职业生涯的推进，很快你就会觉得你似乎已经为一个知识体系做了最大的贡献，是你撰写了或者是起草了具有决定性的合同。当然这些很重要，但还远远不够。若要留下经久不衰的价值，若要你的领导力财富意义深远，你就要己欲达而达人，不遗余力地帮助别人，帮助那些律师、年轻合作伙伴们获得更好的发展。"[8]

成功看上去像什么？

什么样的财富思考才算是成功的财富思考？有没有统一的衡量标准？有没有一些固定的指标？没有人愿意用弗雷德·斯特迪文特（我们在第一章中提到过）那样的方式去发现他给别人留下的领导力财富——在一位年轻同事的葬礼上听见有人提到他的名字。但在建立财富的过程中，你确实可以通过以下几种方式来对你领导力财富的广度和深度进行评价。

内在指标

要摸清你的领导力财富的真实状况，最直接的办法之一就是运用我们在第六章中提到的彼得·德鲁克提出的信息反馈分析法；另外一个办法是，过一段时间之后，再重新回顾一下纸板练习，看看你是否在不断弥合第一次练习与第二次练习之间的差距（或者是否第二次练习的内容已经完全改变）。我们在前文曾提到过一位公司总裁，当他重新回顾纸板练习时，才突然发现原来放下工作去度假根本就不是他的真实愿望，他的真实愿望其实是全天候地处理那些繁杂的工作计划，重新回顾纸板练习使得他摆脱了心中的负疚感。

第三个办法或许是，花一些时间运用财富思考法考虑一下你最近所做的三、四个决定是否真的出自你的本意。让我们来看一个例子：一位主管因滥用公司信用卡而被开除，曾参与了做出开除决定的一位高管，在运用财富思考法进行过思考之后写下了下面这段话：

> 发生这种情况，我们的第一个反应就是立刻开除他，因为公司早有规定，无论是谁，只要违反了公司的道德准则，他就必

第八章

须离开公司。但我越想越觉得当众公布对他的开除并不是一个明智的选择，因为这样会让他颜面扫地。后来我们又对他的个人情况进行了深入了解，发现他是家里唯一挣钱养家的人，可以想象如果这桩丑事被公布，对他的家人将是一个怎样沉重的打击。

我们考虑再三，最后决定让他主动提出辞职。公司一向提倡人人平等，但这一次我们却破例了。相对于以前来说，最近这段时间我在考虑事情时，比以往任何时候都更加注重长远影响。我认为自己在这件事情的处理上既保持了公正，又不失必要的同情心。这位主管辞职的原因其实在公司里是尽人皆知的，俗话说没有不透风的墙，闲言碎语肯定到处传播。尽管如此，我们让他主动辞职这种做法没有使原本已经非常糟糕的事情变得更加严重，尤其是从对他家人造成的影响来说。

我觉得我们处理这件事情的方式总的来说是利大于弊。从长远来看，无论是对个人还是对公司都很得当，这种做法更符合我在工作之余的内心世界，符合我和家人在一起时的想法。处理这件事情时所表现出来的公正又不失同情心的做法既没有违背我们"零容忍政策"的主旨，又非常有人情味儿。

亚伯拉罕·马斯洛（Abraham Maslow）的《Z理论》（*Theory Z*）也是一个不可忽视的因素。《马斯洛论管理》（*Maslow on Management*）是对马斯洛著作的一篇评述，文章这样写道："Z理论提出了这样一种假设，即当人们的经济安全达到了一定水平之后，他们就会努力去寻求一种更有价值的生活，一种可以让他们更充分地发挥创造力，更加富有成效地工作的生活。尽管马斯洛还没有来得及完成《Z理论》就去世了，但今天我们发现有许多证据表明，他的理论至少领先于他所处的时代好几十年。"9

大体回顾一下你的职业生涯，回想一下你运用财富思考的那几个月，你是否能够更好地确认哪些领域能带给你最大的满足感？弗朗西斯·邦西格诺(Francis Bonsignore)在一家金融服务公司人力资源部干了四十年的高级主管工作，也曾是美国员工福利研究所(Employee Benefit Research Institute, EBRI)的前任主席，他说：

> 我觉得当你处于职业生涯的早期阶段时，你在工作中如何为大家所接受对于你的自我评价影响很大，你会努力寻求公司或组织的认可。随着年龄的增长，以及好的或者是坏的经验的增加，公司的标准变得对你越来越不那么重要了……越是接近职业生涯的末期，你就越会从个人的标准，而不是从公司标准出发来评价自己……而这个个人标准，关乎那些曾和你接触过的人们如何因为受到你的影响而努力前行，取得了进步。也许你为知识体系做出了一份贡献，也许你挑战了传统上认可的所谓智慧，但你的这些贡献只能通过受到你的影响的人们的行为才能体现出来。而财富思考的价值就在于加速这个自我发现的过程。
>
> 我希望人们将来回想到我时会认为我是一个很好的合作伙伴，我希望他们会认为我身上确实有某些值得记取的东西；但我更希望他们，也包括我的孩子们，将来会说："是他让我明白事理，懂得哪些才是生活的重点；是他帮我形成我的世界观。"10

外在指标

在建立财富的过程中你要不断对你的财富加以反思，这么做非但令人欣慰而且百利而无一害；但为了确保你朝着正确的方向前进，你还要

第八章

努力寻找一些外在的线索,这一点同样重要。大多数绩效评估都把注意力集中到那些已经取得的成果上了,这样做尽管很重要,但那些已有成果毕竟只是滞后指标(lagging indicators),它只能告诉你你曾经做过什么。

在进行财富思考时同样重要的一点是,你要努力寻找一些可以帮助你规划将来成就的先行指标(leading indicators),这些指标还可以告诉你一点:你将会做些什么。

问问自己:你所在组织的人才流失现象是不是越来越严重?你们组织的人才招聘文化是什么样的?查看一下公司最近几次员工民意测验的情况,这可以先从与你关系密切的那些同事入手,大家的态度怎样?有没有什么改进?通过这些措施,你可以看到你的财富思考正在逐渐显示出它的强大的威力。最后,它必将会成为你们组织结构的一部分,成为你们组织文化的一部分。[11]

警示故事

即使财富思考已经成为你工作方式的一个组成部分,建立意欲留下的领导力财富的工作也并未到此结束,下面的例子突出说明了这一点。

劳伦斯(Lawrence)在 PrintFilmedia 这家拥有上百年历史,资产达五十亿美元的大公司担任首席执行官已经五个年头了,他是首位从公司外部聘来任首席执行官的人,他初到公司时起点很高:一流院校的 MBA 文凭;工作领域涉及广泛,经验非常丰富;25 年不俗的工作成就。

但劳伦斯却没有一点有关标准胶片或技术的工作经验,而这些又都是 PrintFilmedia 公司的核心业务。尽管如此,无论是过去还是现在,他都被认为是一个战略型的思想者。大部分情况下,他对于专业知识和相关管理经验的缺乏并未从整体上影响他的工作效率,但偶尔在发生有争议的决策时,那些从内部提拔起来的资深的直线主管们也会注意到他的那些缺陷和不足。

作为一名战略决策者,劳伦斯锐意进取,积极开拓 PrintFilmedia 公司的核心业务,致力于公司价值内涵的扩展,提升了公司的声誉并确立了公司在北美地区领军企业的地位。这种扩展是通过公司主营业务与辅助业务相融合,并通过一些小规模、高标准的收购活动得以实现的。慢慢地,劳伦斯似乎已经建立起了一支有着共同的远见卓识的领导团队,这对于他是一笔非常重要的财富。

而在最近的一次企业扩展(或者说是企业扩展计划)中,劳伦斯却第一次遭遇了严重的阻力,这件事甚至使得他(或者说整个 PrintFilmedia 公司)开始对他的领导能力有些怀疑。

劳伦斯试图让公司考虑一项很有潜力的收购。通过这项收购,公司将能够在未来几年内拥有一套领先于整个行业的、全新的技术标准。这家待收购的目标公司在当时早已在胶片技术方面遥遥领先于竞争对手,并且已与一些主要买家建立起了良好的业务关系,有的还签了合同,这使它确立了一个不小的、稳固的市场地位。然而,目标公司的领导者与 PrintFilmedia 公司的大多数领导者完全不属于一种类型的人,这一点造成 PrintFilmedia 公司管理层所有人(除劳伦斯外)都对这项收购活动极力表示反对。

尽管劳伦斯列出这项收购的种种合理之处及其战略意义,并认为不会冒很大的财务风险,但高层管理团队还是一致阻止这项计划。他们这样说:

"这家公司做生意的方式和所表现出来的争胜好强的风格,证明我们根本不是一类人,正所谓道不同不相为谋。"

"如果现任首席执行官不干了,没人能管理这个公司。"

第八章

"我们已经落后于我们年初所制定的年度计划了,这项并购会严重分散我们的注意力。"

"与其把数百万资金花在这项收购上,还不如把这笔钱用在促进公司业务发展上。"

劳伦斯的领导团队也承认,从本质上来说,劳伦斯提出的这项收购计划有相当充分的理由,但他们的反对程度如此之强烈,人员如此之广泛,劳伦斯最终被迫放弃了他的收购计划。

从一个层面上来看,放弃一项如此合理、如此有吸引力的收购计划未免令人失望,但从更深的层面来看,劳伦斯担心是他还没有能力让大家相信他的收购计划的价值。他更担心的是,他的领导团队就是要否决他的提议。也许放在一家合伙企业里,劳伦斯的计划会被认为是一份合适的决策草案,但在像 PrintFilmedia 这样的传统结构的公司里,劳伦斯则会势单力孤,被管理团队中的其他人压制。

最初,关于这次并购而引发的矛盾还仅仅是个起干扰作用的事情,可后来却逐渐升级为可能会起破坏作用的事情,就连那些之前曾对劳伦斯具有前瞻性的思维方式表示出极大热情的管理者也开始动摇了。他们说:"虽然劳伦斯确实是个有远见卓识的人,但我们现阶段的资源也确实有限,如果得不到公司内部成员的大力支持,我们就根本无法持续扩大公司规模。"

这句话的意思是说——劳伦斯本人也意识到了这一点——他这次并没有像以前那样充分考虑其他管理者的心理感受,他只想让大家乖乖执行任务,尽快完成这个并购计划,毕竟这是一次难得的机会,机不可失。但恰恰是因为这次机会对于他来说极具诱惑力,才使得他有些忘乎所以,以至于他在这一过程中忽略了一个关键问题:他的高层领导团队对于本行业和本公司长期发展可能性的思考。通过对这件事情的深刻反思,劳伦斯承认他本应该提前采取一些措施来尽可能让大家达成共识，或者至少可以像以往那样充分调动大家的积极性；但这次他却在很大程度上忽视了这个重要问题。

潜能的力量

在谈到领导力财富思考这一概念时，哈佛商学院荣誉退休教授莱纳托·塔格利说："也许你每天都有十五件要做的事，而你只做了其中的三、五件，为什么选择这三、五件事，你一定有自己的标准。既然如此，为什么不给你意欲建立的领导力财富也设定一些标准呢？一旦设定了标准，你对这些财富的理解就会更加清晰，也为周围的人们提供了一些方向性的指导原则。"[12]

Aloha基金会，是总部设在美国佛蒙特州费利镇（Fairlee）的一家拥有百年历史的非营利教育机构，巴恩斯·博费（Barnes Boffey）是该机构的一名高级官员，这家教育机构的主要职责，是负责监督那些为成人、儿童和企业提供各种教育培训和野营活动的服务商的运营情况。塔格利教授对领导力财富思考的认识既简单又深奥，而巴恩斯·博费则是执行这一思考的典范，让我们用巴恩斯·博费的同事对他的评价，以及他自己所说的一些话作为本书的结尾吧。几年前博费曾参加过一次多元观点训练法培训，两位第三方受访者写下了这段话：

> 他通过自己的言行教给我一种人生哲学，使我在前行的道路上始终受益，他教给我一些值得追求、值得教诲的东西。在和巴恩斯一起工作一段时间之后，我一直努力尝试告诉别人一件事情：这个世界上总会有更好的领导方法。巴恩斯总是鼓励我做得更好，并且帮助我像一名心理分析师那样分析事实。我对

第八章

我的员工说:"作为一名领导者,作为一个人,你有责任带头营造一个大家都可以开诚布公的氛围。"这话听起来似乎有些老生常谈,但只有巴恩斯知道该怎么做。

——拉里·拉森(Larry Larson),咨询心理学家,开了一家私人咨询机构。也在美国、加拿大和澳大利亚的一些公司里设有领导力研究工作室。

巴恩斯留给我的一个最重要的财富就是他使我培养了一种能力:在工作中或是生活上无论遇到多么困难、多么复杂的情况,我都能把它条理化,形成一组简单的选择。和他一起工作一段时间之后,我能把一些乍看上去相当复杂的情况变成一系列可以控制的局面。巴恩斯教会我光有勇气还不够,还要知道如何运用你的勇气。

——布赖恩·帕特里奇(Bryan Partridge),美国新英格兰学院(New England College)教授

巴恩斯面对自己所取得的成就以及别人的评价表现出非常的谦逊,但有一点他深信不疑:财富思考非常重要。他说:"我们的生活不像在学校里所做的练习那样简单,那样相互之间没有关联;相反,我们的生活彼此之间存在着根本的联系:我们的生活会伤害别人的感情也会治愈别人的创伤;我们的生活会丰富别人的生活也会改变别人的生活;我们的生活也可以成为指路的星光。如果我们在生活中做好这一切,世界就会因此而改变。"[13]

很难想象还有什么比这更有力量的领导力财富值得我们去追求!

注　释

第一章

1. Vijay Vishwanath and Marcia W. Blenko, "Inside Kraft's Leadership Corridor," *Leader to Leader* (Fall 2004): 27; and "The Art of Developing Leaders at Kraft," *Harvard Management Update*, November 2004.

2. Roger Lang 于 2004 年 12 月对 Rob Galford 及 Regina Maruca 所作的访谈。

3. Dan Ciampa and Michael D. Watkins, "The Successor's Dilemma," *Harvard Business Review*, November 1999.

4. John P. Kotter, *John P. Kotter on What leaders Really Do* (Boston: Harvard Business School Press, 1999).

5. Jack Schuessler, "Food for Thought," *New York Times*, May 17, 2005, A12.

6. Fred Sturdivan 于 2003 年、2004 年、2005 年 3 月对 Robert Galford 的访谈系列。

7. Roch Parayre 于 2005 年 7 月在 Merrill Lynch 的讲话。

8. George Colony 于 2004 年 3 月对 Regina Maruca 所作的访谈。

第二章

1. Emily Green 于 2004 年春天通过电子邮件进行的访谈。

注释

2. Roy Schifillite 于 2004 年 5 月对 Regina Maruca 进行的访谈。

3. Michael Porter, "Clusters and the New Economics of Competition," *Harvard Business Review*, November-December 1998.

4. Ralph Nader and William Taylor, *The Big Boys: Power & Position in American Business* (New York: Pantheon Books, 1986), xii.

第三章

1. Alice Milrod 于 2004 年 2 月对 Robert Galford 进行的访谈。

2. Sally Green 于 2004 年 6 月和 9 月对 Robert Galford 以及 Regina 进行的访谈。

3. Jim Rossman 于 2004 年 3 月、2006 年 4 月对 Robert Galford 进行的访谈。

4. Tom Leppert 于 2004 年、2005 年对 Robert Galford 进行的访谈系列。

5. 同上。

6. Russ Lewis 于 2004 年 7 月对 Regina Maruca 以及 Robert Galford 所作的访谈。

7. Rob Cosinuke 于 2004 年 6 月对 Regina Maruca 所作的访谈。

8. Randy Myers, "A Dying Breed," *Corporate Board Member*, March/April 2004; "Corporate Jungle May Claim Another Victim," *Financial Times*, October 20, 2003; "Do you need a COO?" *Healthcare Executive*, July 2002; "COOs Become Obsolete as Corporations Reorganize," *Pacific Business News*, March 25, 2005; *Crisis Associates' Volatility Report*, 2005.

9. William Schulz 于 2004 年 2 月对 Regina Maruca 进行的访谈。

第四章

1. Julia Boorstin, interviewer, "The Best Advice I Ever Got," *Fortune*, March 21, 2005, 100.

第五章

1. Warren Bennis, *On Becoming a Leader：The Leadership Classic-Updated and Expanded*（New York：Perseus Publishing，2003），50－51.

2. Rob Cosinuke 于 2004 年 6 月对 Regina Maruca 所作的采访。

第六章

1. Robert Galford and Anne Seibold Drapeau, *The Trusted Leader*（New York：Free Press，2002）.

2. Masakazu Yamazaki, "The Impact of Japanese Culture on Management" in The *Management Challenge：Japanese Views*，Lester C. Thurow 主编（Cambridge, MA：MIT Press，1985），37。

3. Peter Drucker, *The Essential Drucker*（New York：Collins，2001），218.

4. William Schulz 于 2004 年 2 月对 Regina Maruca 进行的访谈。

5. Russ Lewis 于 2004 年 4 月对 Regina Maruca 以及 Robert Galford 进行的访谈。

6. 引自 Warren Bennis, *On Becoming a Leader：The Leadership Classic-Updated and Expanded*（New York：Perseus Publishing，2003），51。

第七章

1. Peter Drucker, *The Essential Drucker*（New York：Collins，2001），270.

2. Ronald Heifetz and Marty Linsky, *Leadership on the Line*（Boston：Harvard Business School Press，2002）.

3. Gordon Edes, "A Range of Emotions for Texas," *Boston Globe*,

注释

September 5，2004.

4. Renato Taguiri 于 2004 年 2 月对 Robert Galford 以及 Regina Maruca 所作的访谈。

第八章

1. Robert Menzies，*The Columbia World of Quotations*（见 Bartleby.com 网站），39309，1996。

2. Harry Levinson，*Executive：The Guide to Responsive Management*（Cambridge，MA：Harvard University Press，1982），93.

3. Sally Green 于 2006 年 2 月对 Robert Galford 所作的访谈。

4. Jay W. Lorsch and Thomas J. Tierney，*Aligning the Stars：How to Succeed When Professionals Drive Results*（Boston：Harvard Business School Press，2002）.

5. Maria Feicht 于 2004 年 2 月对 Robert Galford 所作的访谈。

6. Hiroshi Takeuchi,"Motivation and Productivity," in *The Management Challenge：Japanese Views*，重印版，Lester Thurow 主编（Cambridge，MA：MIT Press，1987），22。

7. Alice Milrod 于 2004 年对 Robert Galford 所作的访谈。

8. Jay Westcott 于 2003 年 9 月对 Robert Galford 所作的访谈。

9. Abraham H. Maslow，*Maslow on Management*，修订版（New York：Wiley，1998），72。

10. Francis Bonsignore 于 2004 年对 Robert Galford 进行的访谈系列。

11. Lorsch and Tierney，*Aligning the Stars：How to Succeed When Professionals Drive Results*.

12. Renato Taguiri 于 2004 年 2 月对 Robert Galford 以及 Regina Maruca 所作的访谈。

13. Barnes Boffey 于 2004 年 1 月和 2004 年 2 月对 Robert Galford 所作的访谈。

作者简介

罗伯特·加尔福特,美国波士顿高级管理发展中心执行合伙人。他的时间分为两部分,一部分用来讲授高级经理培训课程;另一部分用来与一些世界顶级专业金融机构的资深高管密切合作,研究有关战略和组织的交叉问题。他曾经在哥伦比亚大学商学院研究生院(Columbia University Graduate School of Business)和西北大学凯洛格管理学院研究生院(the Kellogg Graduate School of Management at Northwestern University)讲授高级管理课程,最近他在哈佛大学任教。

在罗伯特职业生涯的早期,他曾经在美国数字行销服务公司这家总部设在波士顿,并且在世界各地都设有办事机构的大公司担任过执行副总裁以及首席人事官;他曾是 MAC 集团公司及其继任公司 Gemini 咨询公司的副总裁,该公司主要致力于研究财富 100 强公司、国际金融机构和专业服务公司面临的战略和组织上的挑战及其应对措施;他曾经在西欧工作了几年,然而又回到美国担任一些行政及管理的职务;他曾经在美国纽约一家名为可达事律师事务所(Curtis Mallet-Prevost Colt & Mosle)的跨国公司从事法律方面的工作;曾经在美国纽约的花旗集团从事投资管理工作;另外,他还曾在波士顿大学管理学院研究生院(Boston University Graduate School of Management)讲授 MBA 课程中的管理政策课。

罗伯特曾向《哈佛商业评论》五次供稿,其中包括《当执行者有缺陷时》(When an Executive Defects)(个案评价,1997)、《为何人事部门得不到尊敬?》(Why Can't This HR Department Get Any Respect?)(1998)和《他还在等待什么?》(What's He Waiting For?)(2004)。他还多次在《波士顿环球报》上发表文章,因为他是《星期天环球》(Sunday Globe)"职场专家"栏目(Job Doc)的专栏作家。他的文章在其他一些出版物中也占有非常重要的地位,并且被多次引用,比如《Inc.》杂志、《斯隆管理评论》(Sloan Management Review)和《美

作者简介

国律师》(American Lawyer)等。

罗伯特是《可依赖的顾问》(The Trusted Advisor)一书的合作者之一,该书的另外两位作者分别是大卫·梅斯特(David Maister)和查尔斯·格林(Charles Green)。该书最初于 2000 年由 Free Press 和 Simon & Schuster 两家出版社联合出版,后又于 2001 年由 Touchstone 和 Simon & Schuster 两家出版社再版,该书自出版以来一直高居商业类畅销书榜首。此后,罗伯特又写了《可依赖的领导者》(The Trusted Leader)一书,合作者是安妮·德拉波(Anne Drapeau),该书于 2003 年 1 月由 Free Press 出版社出版。

目前,罗伯特是美国著名的市场调研公司——福里斯特研究公司(Forrester Research Inc.)的董事会成员。另外,他还与美国当下最受欢迎卡通人物呆伯特(Dilbert)一起,主持一档名为《谈谈变革》(Talk About Change)的商业短片。

罗伯特的教育背景包括:哈弗福德学院(Haverford College)经济学和意大利文学学士学位;哈佛商学院(Harvard Business School)工商管理硕士学位;乔治城大学法学中心法学博士(a JD form Georgetown University Law Center),他也在该大学《税务律师》(Tax Lawyer)杂志担任助理编辑。

罗伯特的邮箱是:rgalford@cedinc.com

雷吉娜·法齐奥·马鲁卡,马萨诸塞州桑德威奇市(Sandwich)的一名作家兼编辑,主要从事领导力、市场营销和组织运营等方面的文章和书籍的写作。她的客户有贝恩咨询公司(Bain & Company)、埃森哲公司(Accenture)和麦肯锡公司(McKinsey & Company)。她曾经与许多优秀作家合作过,包括莫妮卡·希金斯(Monica Higgins)、山姆·希尔(Sam Hill)、爱德华·劳勒第三(Edward Lawler III)、杰伊·W·洛尔施(Jay W. Lorsch)、保罗·努内斯(Paul Nunes)、约翰·彼得曼(John Peterman)、托马斯·蒂尔尼(Thomas Tierney)和 V. 卡斯特利·兰根(V. Kasturi Rangan)等。最近,她还编辑了《管理者在说什么,员工在听什么:与前沿保持联系,也就与顾客保持联系》[What Managers Say, What Employees Hear: Connecting with Your Front Line (So They'll Connect with Customers)]一书,该书于

2006年由Praeger出版社出版。

另外,她还是美国波士顿高级管理发展中心的重要负责人,主要任务是帮助开发高级管理培训课程。

雷吉娜曾是一名资深的记者,她曾担任过《哈佛商业评论》的高级编辑、《波士顿商业日报》(Boston Business Journal)和《新英格兰商业》杂志(New England Business)管理栏目的副主编。她的署名不仅出现在上述专业出版物上,还出现在像《快速公司》(Fast Company)和《价值》(Value)这些杂志上。